白岩大樹・長屋大輔・上田逸平 著
一般社団法人 これからの時代の・飲食店マネジメント協会
山川博史 監修

お客さまに選ばれる！

これからの飲食店集客の教科書

同文舘出版

著者略歴

白岩大樹（しらいわ だいき）

株式会社アップ・トレンド・クリエイツ代表。1976年、熊本生まれ。中央大学卒業後、和食「なだ万」に勤務後、「牛角」のスーパーバイザーとして、非正規雇用のアルバイトを経営に巻き込む教育に携わる。2004年に株式会社OGMコンサルティングに入社し、約300社へ独自の集客法を説きながら、数々の成功事例を生み出す。2009年に独立。「汗を流すコンサルタント」として自ら現場に入ることで成功へと導いた飲食店は、累計で700店を超える。（1、2、3、4、5、7章担当）

長屋大輔（ながや だいすけ）

株式会社デリシャスノーツ 代表取締役 生活向上ニュースサイト「クラシタノシク」編集長、一般社団法人全日本・食学会会員。1975年、岐阜生まれ。大学卒業後、IT関連企業で販売管理システムの営業などを経験した後、飲食店専門居抜き物件検索サイト「ぶけなび」をリリース。年間100件以上の飲食店の出退店に携わる。現在では「おいしいを科学する」をキーワードに起業し、飲食店のWEB販促など既存店売上アップの業務に携わっている。某グルメサイト口コミ投稿数は2,500件を超える。（6章担当）

上田逸平（うえだ いっぺい）

株式会社イー・フードビジネス・サポート代表、一般社団法人ブランド・バリュー協会理事、1961年、大阪生まれ。大学卒業後、繊維商社、経営コンサルティング会社等の勤務を経て、2007年、株式会社イー・フードビジネス・サポートを設立。集客、人材採用・育成、資金関連など様々なお悩みを抱える中小零細飲食店のオーナーに寄り添う形でサポートする「頼れる町医者」的存在として日夜駆け回っている。（6章、7章事例担当）

監修者略歴

山川博史（やまかわ ひろし）

一般社団法人これからの時代の・飲食店マネジメント協会（これマネ）代表理事、株式会社オフィスヤマカワ代表取締役。1971年長崎生まれ。27歳で開業し、飲食店を10店舗まで店舗展開したが、東日本大震災時に経営悪化し直営事業譲渡を決断。現在は複数の会社経営に取締役として携わりながら、飲食店の経営コンサルタントとして支援。継続クライアント店舗数は300店舗を超える。

また、飲食経営者や幹部が店舗展開だけではなく、コンサルタントとしても活躍していくためのプロダクションとして、一般社団法人これからの時代の・飲食店マネジメント協会を設立。代表理事としてコンサルタント育成・プロデュースをはじめ、飲食店コンテンツ事業展開、コンサルティング事業構築、出版プロデュース・監修を行なっている。

■お問い合わせ
一般社団法人これからの時代の・飲食店マネジメント協会
http://koremane.com/

お客さまに選ばれる！
これからの飲食店 集客の教科書

2019年2月21日　初版発行
2022年6月20日　4刷発行

著　者 ―― 白岩大樹・長屋大輔・上田逸平

監修者 ―― 山川博史

発行者 ―― 中島治久

発行所　同文舘出版株式会社

東京都千代田区神田神保町1-41　〒101-0051
電話　営業03（3294）1801　編集03（3294）1802
振替00100-8-42935
http://www.dobunkan.co.jp/

ISBN978-4-495-54029-6
印刷／製本：萩原印刷
Printed in Japan 2019

はじめに

前著『採る・育てる・定着させる　これからの飲食店マネジメントの教科書』では、人を採用し・育成し・定着させる思考や技術をお伝えしました。しかし、どれだけよいチームをつくるノウハウがあっても、中長期で活躍できる雇用条件や、夢を描きながら活躍してもらえる環境を整えるには、お店が繁盛していなければできません。

繁盛するためには、まずお客さまに来店してもらわなければ始まりません。私が代表理事を務める一般社団法人これからの時代の・飲食店マネジメント協会では、数店舗経営の老舗から飲食ベンチャー、オーナーシェフのお店からチェーン店まで幅広い会員様が参加していますが、新規客獲得からリピーター化まで悩みの種類はさまざまですが、どのお店も少なからず集客に悩んでいます。

当然、これまでもチラシ配りやポスティング、アンケート、ウェブ集客などには取り組んでいるけれど、イマイチ効果が出ない。あるいは、一瞬売上は上がっても、長続きしない――。

その原因のほとんどは、他店がやっていることをただ真似したり、無理やりスタッフに押しつけたり、営業マンが勧めるプランのまま契約をしたりなど、行き当たりばったりの施策にあります。

「今月、売上が足りないから、何とかしろよ！」「とりあえずクーポンチラシ配って、売上目標をクリアしよう」などといった気合いと根性の集客では、販促でお店の売上を上げるどころか、スタッフのモチベーションを維持できずに離職をまねき、業績も改善できない……という負の連鎖になりかねません。

本書では、これまで直感的に行なってきた集客・販促について、具体的な計画の立て方から実践ノウハウ、スタッフへのアプローチ方法まで丁寧に解説しています。

明日からリアルに活用できる方法ばかりで、実例も多数紹介していますので、今あなたのお店で行なっているアクションにプラスしたり、お店に適したアレンジをしながら、これからの飲食店集客の活動をスタートしてください。

本書を読み終えた頃には改善点が明確になり、あなたの大切なお店の価値をたくさんのお客さまに知っていただき、リピートしてもらえる技術が身につくはずです。そうして繁盛することで、お店のスタッフの未来も明るくなり、自信とワクワクで満ち溢れ、笑顔でイキイキと活躍してくれるようになるでしょう。そんな成果が出ることが、私たちの一番の喜びです。

一般社団法人これからの時代の・飲食店マネジメント協会 代表理事　山川博史

『お客さまに選ばれる！　これからの飲食店　集客の教科書』目次

2章 飲食店集客の全体像がわかる! 集客公式

Textbook of promotion
3章

認知度&来店率を高める外回り営業・チラシ配り・ポスティング

4章 離反率ゼロを実現するアンケート術

5章 リピート率を最大化する お礼状テクニック

6章 集客につながる ネットツール活用方法

7章

業態別　集客を実践するときの傾向と対策

カバー・本文デザイン・図版制作　荒井雅美（トモエキコウ）
編集協力・本文DTP　菱田編集企画事務所

1章

Textbook of the promotion

これからの飲食店が気づくべき集客7つの誤解

行列の誤解
行列ができるのは本当にいいお店？

行列のために、ゆっくり料理をつくる？

昔、タレントの伊集院光さんのラジオ番組を聴いていたときのことです。ある中華料理店が紹介され、その飲食店の店主はインタビューで、「お店の前に行列をつくるために、あえてゆっくりと料理を出している」といったことを語っていました。

私はそれを聞いて衝撃を受け、愕然としたものです。本当にそれでいいのでしょうか。「行列のできるお店は、いいお店」と誤解しているのではないでしょうか。

私はこのやり方は、おいしいお店・いいお店という評判を生むためには本末転倒であり、逆効果だと考えます。本来はおいしいお店・いいお店という評判が生まれてから、来店客が多く訪れるようになり、それによってさらに評判が広がり、「一度、行って食べてみようか」という人がどんどん増え、結果的に行列ができてしまうのが、あるべき手順なのです。

これに対して、先のお店は、あえて行列をつくるようにすることで、「行列ができているから、おいしいお店・いいお店」という評判を意図的につくろうとしています。これでは本末転倒であり、ごまかしでしかありません。そんなことをやっても、やがて〝化けの皮〟がはがれてしまいます。

飲食店に「行列」が向いていない3つの理由

TVの情報番組やバラエティ番組、飲食店情報の雑誌などでは、よく「行列のできる飲食店」といった企画が組まれています。しかし、本当のことをいえば、**飲食店は「行列」には向いていないビジネス**なのです。「向かない」というのは、行列ができたとしても、そのことが店のよい評価にはつながりにくい、ということです。「未来の売上を先食いしてしまっている」といっても、あながち間違いではありません。

その理由は、次の3つが挙げられます。

❶席数の限界がある

飲食店には、客席数、テーブル数などのキャパシティがあります。お昼のご飯どきなど混雑時に相席をお願いしたとしても、そのキャパシティを超える来店客があれば、当然ながら行列ができてしまいます。それは、周囲の飲食店の数が少なかったり、そのエリアの人口が急激に増えたりなど、その飲食店自体の評価とは関係のないところで発生することもあります。つまり、行列を意図的につくりやすいといっても、店の評価と行列が直結しているとは必ずしもいえないビジネスなのです。

❷来店客が店内で食事をする時間がかかる

飲食店では当然のことながらお客さまが店内で飲食をします。その飲食にかかる時間は、「混雑しているときは、恐縮ですが2時間制でお願いします」と事前に了承を得ていない限りは、お店の側で決めることはできません。飲食店の店員やアルバイトやパートを経験された方であればウェイティング（待ち）客から「どのくらい待ちますか?」と聞かれて、正直なところ困ったことがあるでしょう。そんないつ解消できるかが読めない行列に飲食店側が喜んでいるのは、単なる自己満足としかいいようがありません。

❸注文してもらってから調理し、「できたて」を提供する

飲食店は、他の小売業とは異なり、完成品をつくり置きしておくことができません。また、完成前の段階まであらかじめつくっておく「つくり溜め」もあまりできず、来店されたお客さまに「できたて」を提供することが最も喜ばれるビジネスです。

つくり置き、つくり溜めは、飲食店のいわゆる〝仕込み〟とは違います。つくり溜めのようなことを普段から行なっていては、できたてを出している競合店には敵わず、リピーターが減っていくのは目に見えています。

以上の理由により、行列は本来、飲食店の側から演出としてつくり出すことも難しければ、できてしまった行列を飲食店の側から解消することもできにくいビジネスなのです。

ここまで行列についてとやかくいうのには理由があります。それは私自身、苦い経験があるからです。月商480万円ほどの韓国焼肉店のコンサルティング支援をしていたときでした。たった6カ月間で月商1000万円超の行列店にすることができたものの、その後半年もしないうちに行列はなくなり、〝一時の宴〟で終わってしまいました。

意図的に演出することも、対処することもままならないのが飲食店の行列。本来、狙っ

てつくるべきではないのです。

行列がとぎれない飲食店は、まれな存在

ところが、まれに行列がとぎれない飲食店があります。たとえば、「ラーメン二郎」という名のラーメンチェーン。このお店に来店するお客さまは、並んで待つこと自体が東京ディズニーランドのアトラクションに並ぶような感覚になっています。常連客も多く、熱烈なファンはまるでお店の信者のような存在です。

このチェーンでは、信者人口の月の総利用回数がお店のキャパシティ（席数×稼働率×1日の回転数×各月の営業日数）を上回っています。結果的に、常に行列が途切れない状態が実現している、まれな例なのです。

このように一定の条件を満たす限られた都心部のラーメン店では行列も実現できますが、それは需要の高い、限られたお店だけが可能なこと。他の飲食店が、「ウチも行列ができる飲食店にしよう！」などと、狙って安易にめざすべきものではありません。

飲食店の行列に並んだ人は、その店をベタ褒めしない

飲食店の行列に並んだ多くの人は、その飲食店を、「あそこのお店は並んで食べてみたけど、たいしたことなかったよね」と、評価しています。よくもなければ悪くもない、5段階評価なら3～4あたり、そんな評価です。

「並んだけど、いい雰囲気でおいしくて、1時間も並ぶ価値はあったよ」と、評価してくれる人は少数です。

飲食店の行列に並ぶ人の本心は、並んでいること自体が少し気恥ずかしく、照れくさいものなのかもしれません。もし旅行先などで、遠出して並ぶのであればかまわなくても、地元の普段づかいの飲食店に並ぶ姿を知り合いに見られるのは、心理的にちょっとNGなのです。

その影響か、行列ができていた店でも、数カ月して行列がなくなると、「あのお店、以前より人気がなくなったね」などといわれるようになることがあります。**「行列ができていた」ことが逆効果になってしまう**のです。

加えて、その飲食店のターゲット層によりますが、年輩の人やその地域に住む人は、行列ができる飲食店を「なんとなく騒がしい・うっとうしい」と思うようになり、「せっかくの外食なら、ゆっくりできるお店に行こうよ」と、そのお店を避けるようになるのです。

お店に対するそのような影響を把握しないまま、「行列のできるお店は、いいお店」と疑わずにいると、その飲食店は長続きしません。

では、どのような店が行列に向いているのでしょうか。典型的な例は、食品でもいわゆるデパ地下などの物販です。これは、先述した3つの理由にいずれも該当しないからです。

行列ができる飲食店がおいしいお店・いいお店とは限らず、また飲食店が行列を狙ってつくろうとすると逆効果にもなりかねない。これは、ぜひ、留意していただきたいポイントです。

ポスティング・チラシ配りの誤解
ポスティングやチラシ配りはムダ!?

ポスティングは、お客さまの「刷り込み効果」を狙っていたが……

ピザやお寿司、オフィス街のお弁当などの宅配ビジネスでは、チラシ類の定期的なポスティングは販促の王道といってもいいでしょう。「食べたくなったら、ポストに投函されていたチラシを探して電話やスマホアプリで注文する」というお客さまの購買までの流れをつくることが販促の王道だからです。

飲食店も同じようにポスティングをすることで、「何か食べに行こうかな」とお客さまが思ったときに、自分のお店を選んでいただくきっかけにすることは効果的です。

ところが、最近は「効果的である」ともいえなくなってきています。

少し前になりますが、ある飲食店の店長から、こんな相談がありました。

「ポスティングをした家庭から『勝手に入れるな！　取りに来い』というクレームがあったのですが、どうしたらいいでしょうか」

もちろん、取りに行って謝るようアドバイスしましたが、最近、このようなクレームが増えているのです。そんな状況の変化が起きているのに、「ポスティングは効果的」と信じて同じ手法を続けているのは誤解といっていいでしょう。

情報の主導権が一変した！

この変化には、「かつてと今日では、情報の主導権が変わった」ことが起因していると考えています。その変化を飲食店側が十分に理解しているとはいえず、それがこのようなクレームとなって現われているのです。

かつて情報の主導権は発信側＝お店の側にありました。情報量が多くなく、発信する手段も、受信側＝お客さまの側は持っていなかったからです。そのため、ポスティングされたチラシは家で読まれていました。

ところが、**今では情報の主導権はまったく逆で、受信側になっています。**情報量が飛躍的に増え、信頼できる情報をお客さま自身が発信するようにもなりました。何かお店で食べたくなったら、これまでは情報の受信側だったお客さまが自分でスマホなどを使って調べる時代になり、さらに、食べた情報を自分で発信する時代になったのです。

そうなると、ポスティングされたチラシなどは読まれずに、そのままゴミ箱へ捨てられてしまいます。そうであれば、「自宅のポストにゴミを入れられた！」と、怒り出す人がいてもおかしくはありません。

従来と同じやり方でのポスティングは、そのような感覚で受け取められるようになってきました。このような時代の変化に応じて、ポスティングの内容・手法を変えていかなければなりません。

店長の誤解は、チラシ配りにも！

飲食店では、お店をオープンさせた直後の時間帯に来店がなければ、スタッフにチラシ配りをするよう指示を出す店長がいます。

「スタッフには時給が発生するため、遊ばせておくわけにはいかない」

そう考えての指示でしょう。しかし、チラシ配りに出たスタッフがお店の外でどうしているか、店長は知っているでしょうか？　また、そもそもチラシ配りは「スタッフが手の空いたときの仕事」レベルでやるべきことなのでしょうか？

「今、暇だから、お店の前でチラシを配ってきて！」といった感覚でスタッフにチラシ配りをさせると、どうなるでしょうか。そんな指示をされたスタッフはやる気が湧かず、渋々チラシの束を手に、お店の外に出ていきます。そして、ビルの入り口付近で同じビルのテナントのスタッフ同士おしゃべりでもして、時間をつぶす――。空き時間のチラシ配りを命じられて仕方なく店外に出たものの、チラシ配りを積極的にする気にもなれないのでしょう。

そのような状況では、行き交う通行人からはそのお店が繁盛していないイメージを持たれてしまいます。また、これが忙しいはずのピークタイムであれば、「あそこのお店は、（何か問題があるから）こんな時間にチラシを配っているのだな」と勘ぐられてしまうことでしょう。**あえて「流行っていないお店」という宣伝をしてしまうことになってしまいます**。実際はそうではなくても、道行く人たちにはそのような印象を持たれてしまうのです。

チラシ配りというせっかくの重要な仕事も、やり方を誤れば、かえってスタッフのモチベーションを下げてしまうだけでなく、逆効果を生んでしまいます。詳細は3章で述べますが、やるなら本気で、「攻めのチラシ配りを！」と心がけてやることです。

「キャッチ」は直接的な効果に惑わされ、百害あって一利なし!?

ここで、飲食店における「キャッチ」にも触れておきましょう。

お客さまの前に立ちふさがり、お客さまを説得することで来店をうながし、その日の売上をその時点で上げることができるのがキャッチのメリットです。繁華街では、これを専門としている代行業（キャッチしたお客さまが支払った売上金額の数%を、お店からバックしてもらうビジネス）もあるようです。

現在、キャッチは自治体の条例などで禁止となっていることが多いのですが、いまだに禁止区域外で、条例違反だということがわかっていながら行なっている実態もあります。きっと、メリットの大きさには代えられないと考えている飲食店もあるのでしょう。

しかし、このキャッチは条例などで禁止されている、いないにかかわらず推奨できません。なぜなら、メリットが大きいと考えることが大きな誤解だからです。むしろキャッチに依存すればするほど、「中長期的に販促や経営を考えない悪いクセ」が身についてしまい、目先の売上だけを追う経営から抜け出せなくなってしまいます。

割引目当ての「もらい屋さん」を招き、しなくてもよい割引をしてしまうキャッチ

キャッチは「いますぐにお店を決めて、来店ください」という気持ちで強引なアプローチをする手法です。そういったアプローチを行なうからには、それなりの割引・サービスをしなくてはなりません。

ところが、お客さまにも〝手練れの客〟はいます。もともと来店する予定だったお店のキャッチにあえて引っかかり、割引・サービスを受け取る「もらい屋さん」がいるのです。つまり、お店の側はしなくてもよい割引をしていることになります。

キャッチ業者についても油断はできません。お客さまが来店することが直前にわかり、そのときに声をかけて来店させてバックを得ようとしたり、他店に入ろうとするお客さまに声をかけて強引に呼び込んだりして、トラブルに発展した例も見聞きしたことがありま

す。

店内のイメージが悪ければ、本末転倒になる

飲食店も、利益を出さなくてはお店を続けていけません。ところが、過度な割引やキャッチ代行業者への支払いにお金を費やせば、その支出が店の利益を圧迫していきます。そこで、原価（商品）、あるいはサービス（人件費）を抑えてお店のやり繰りをすることになりますが、商品やサービスへの支出を抑えれば、結局、お店全体の品質が低下していきます。

するとお店の評価も下がり、スタッフのモチベーションも高まりません。**飲食店ではキャッチを行なうと、その日の売上が伸びてメリットが大きいように思えますが、いかにも悪循環なのです。**

そのことを十分に理解しないままキャッチを続けるのは、飲食店にとって自殺行為といってもいいかもしれません。

店内で働くスタッフに、「私たちは、キャッチ業者のために働いているの？」なんて思われようものなら最悪です。そんなスタッフが調理や接客をすれば、一度は来店してくださったお客さまでも、次回以降の来店はもちろん、リピーターになっていただくことは見込めないからです。キャッチばかりしている飲食店に常連客が定着しやすいかどうか、お客さまの目線で考えてみてください。

利益の試算もせず安易に行なうキャッチは、目先の売上を得る代わりに、結果的にお店の寿命を削る手法といってもいいのかもしれません。

3

ポイントカードの誤解
物販業のマネをしてもダメ

とりあえず、ポイントカードを導入する飲食店

「とりあえずビール！」ではありませんが、ライバル店でもやっているからと、ポイントカードを導入している飲食店は多いものです。スタンプカード式もあれば、リライトカードを用いたり、さらにはスマホのアプリを開発したりと、さまざまな工夫を凝らして導入しているケースをよく目にします。

ただし、ちょっと考えてみてください。

①ポイントカードがあるが、味は劣るA店
②ポイントカードはないが、味に勝るB店

基本のメニュー単価は同じとします。あなたはどちらのお店を選ぶでしょうか。

多くの人はB店と答えるでしょう。この質問からもわかるように、飲食店においては、ポイントカードが来店動機を決定づける最大要因にはなり得ないのです。

ポイントカードが生まれた背景

ポイントカードは、もともとスーパーや小売りなどの物販業で始まった、継続利用をうながす販促ツールです。

物販業ではメーカーや生産者などから商品を仕入れて陳列し、それをお客さまに購入いただくことで売上を上げています。そのため、異なる2つの物販業が同じメーカーから同じ商品を仕入れていれば、その商品で差をつけることはできません。第一にできることがあるとすれば、ライバル店よりも1円でも安く販売することです。

しかし、安くすればするほど、利益を削ることになってしまいます。

「それではお店が成り立たない。では、どうすればライバル店に差をつけられるのか」

そんな〝ドングリの背比べ〟の中で、自分のお店を継続して選んでもらいたくて浸透していったのが、物販業におけるポイントカードなのです。

いい換えれば、商品で差をつけることができないから、「仕方なくポイントカードなどで差をつけるしかなかった」という背景があるのです。それゆえに、物販業においてはポイントカードが来店動機を決定づける最大要因になり得ます。

「あとちょっとでポイントが貯まって割引券が手に入るから、今日の買い物はあそこのスーパーにしよう！」ということが十分にあり得るのです。

物販業のマーケティングを鵜呑みにする飲食業

そのような背景を十分に理解しないまま、「とりあえず、他店がやっているから」という感覚で飲食店がポイントカードを導入してしまうと、〝もったいないこと〟になります。**しなくてもよい割引をしてしまうことになるからです。**それだけでなく、原価をかけたり商品のクオリティを高めるなどの「商品力の追求」がおろそかになるおそれもあります。

商品で十分にライバル店に差をつけることが可能な飲食店において、そうなってしまっては本末転倒です。飲食店にとって、お客さまの来店を決定づける最大要因は「商品」と「サービス」であり、物販業のマーケティングを鵜呑みにすべきではないのです。

4

500円券・クーポンの誤解「アルカラ客」と「もらい屋さん」

駅前での配布で最も受取率の高かった500円券

私がある飲食店チェーンに勤務していた頃、苦い経験をしました。

お店の最寄り駅の駅前で、来店をうながすために「500円の割引券」を配布していたのですが、一番受け取ってもらえた声がけが、「500円券です。どうぞ!」でした。「500円」という金額を強調することで、多くの人に気軽に受け取っていただけたのです。

しかし、受け取っていただいた枚数に対して、来店効果はあまりありませんでした。その最大の原因は、500円券にはお店の住所と電話番号くらいしか記載されていなかったことでした。どんな立地のどんな特徴のお店かについての記載が不十分であり、受け取っていただいた際に会話もほとんどしませんでした。単に500円券をたくさん配るだけの行為に満足していただけだったのです。

〝実弾効果〟は、そのまま発揮されるわけではない

お店で使うことができる金券を配って得られる効果を「実弾効果」ということがあります。「実弾」ですから、受け取ってもらえるという直接的な効果は高い販促です。

ところが、ただ駅前で配るだけでは、先の例のように、売上にはつながりません。十分に渡す人のことを見極めたうえで渡さなくては、「渡しただけ、もらっただけ」で終わってしまうからです。

また、金券があるから・・・来店するお客さまを「アルカラ客」と呼んだり、前述のように特典をもらいに来るだけのお客さまを「もらい屋さん」と呼んだりもします。**500円券の配布は、そうしたアルカラ客、もらい屋さんが来店するだけで終わってしまう危険性も高いのです。**

一方で、お店と長い付き合いになるのは常連客です。つまり、金券や特典などがなくて・・・

も、来店していただける**「ナクテモ客」**です。

「ナクテモ客」になっていただけそうかどうか、「アルカラ客」「もらい屋さん」ではないだろうかと相手を見極めながら500円券を渡すことが、実弾を売上につなげるうえで大切なのです。

媒体のクーポンのほうがおトクだと、スタッフはがっかりしてしまう

500円券と似たようなものに、クーポンがあります。このクーポンについては最近、クーポン情報誌、クーポンのあるグルメサイトなどの媒体（クーポン媒体と呼ぶ）もたくさんあります。

ところで、そうした媒体に掲載されているクーポンと、店頭や駅前で手渡ししたクーポンがあった場合、どちらのほうがお客さまにとっておトクな情報でしょうか。一度、自分のお店のクーポンで確認してみてください。実は、媒体に掲載したクーポンのほうが、おトクな情報が載っているケースがよくあります。

クーポン媒体だと、掲載した費用対効果をより上げるために、「他店よりも選ばれるク

ーポン内容にしなくてはならない」という事情は理解できます。しかし、せっかく店長やスタッフが手渡しして受け取ってもらったクーポンより、掲載されたクーポンのほうがおトクだと、ちょっと違和感がありませんか？　これでは、手渡しする店長やスタッフの意欲は大きくそがれてしまいます。

「対面＞非対面」という原則を忘れてしまっている

店長やスタッフの意欲の減退は、お客さまが来店したときの商品、サービス、店内環境の整備などにも影響します。スタッフは、自分が手渡したクーポン券より媒体に掲載されているクーポンのほうがおトクだったら、手渡したクーポンを持って来店してくださったお客さまに対して、申し訳ないという気持ちにもなるでしょう。

しかし、このクーポンのおトク度合いの関係が逆だったらどうでしょう？　スタッフ自身が手渡したクーポンを持って来店してくださったお客さまとスタッフはお店で「再会」することになり、スタッフの意欲は間違いなく高まるはずです。

実は500円券の配布でも、クーポンの配布でも、飲食店の販促は**「対面＞非対面」**という原則があります。媒体に載せたクーポンのおトク度のほうが高いお店は、この原則を忘れてしまっているのです。

媒体のクーポンで喜ぶのは「アルカラ客」と「もらい屋さん」

クーポン媒体への費用対効果を取るか、店長やスタッフのモチベーションを取るか。この点で、誤解している飲食店があります。繁盛し続けるお店にしたいなら、間違いなく後者を選ぶべきです。

その方法は、**掲載クーポンの内容を少し控えるだけで十分**です。掲載されているクーポンの内容が他店に劣れば、掲載の費用対効果は落ちるかもしれません。その場合は、クーポン以外で来店していただける告知内容に工夫を凝らすチャンスと捉えるべきでしょう。

競合他店と同じ土俵に立って割引合戦をすることでトクをするのは、お客さまの中でも割引目当ての「アルカラ客」か、特典目当ての「もらい屋さん」だけです。そのようなお客さんをたくさん集めても、そのお店は「来店客で賑わっていても店長やスタッフはやる気をなくしている」状態になってしまうのです。

5

サービス・特典の誤解「ナクテモ客」を増やそう

「10%サービス」の〝切り札〟で、打つ手がない状態になることも!?

500円券やクーポンと同様に、「10%サービス」という割引にも大きな誤解があります。経験からいえば、**「切り札はいきなり使うものではない」**ということです。

切り札とは、カードゲームの最も強い札のこと。「10%サービス券」を切り札とするのであれば、それが販促上、最大の効果を発揮する実弾となります。であるなら、いきなり「10%サービス券」をお客さまに渡して、お客さまの心をつなぎとめようとするのはいただけません。「10%サービス券」は、あとは打つ手がないような状態のとき、すなわち万が一のときの切り札として出すのが最も効果的だからです。

「10%サービス券」が切り札でないとするなら、「15%サービス券」や「20%サービス券」

を切り札として用意しなくてはならなくなってしまいます。これではキリがありません。結局はそれだけお店の利益を削ることになってしまうからです。

サービス・特典は「刻むこと」で活きた販促となる

サービス券（割引や特典）は、いきなり切り札を出すとよいと考えるのは大きな誤解。たとえば、**「2%→5%→8%→10%（コレが切り札）」といったように、刻むことがおすすめです。**

なぜなら、割引や特典は「多いか、少ないか」が重要ではなく、「あるか、ないか」こそが、経営的にもお客さまの心情的にも重要だからです。

前述のように、割引や特典を使うことに優越感を得ようとする「アルカラ客」や、特典をタダでもらうことが目的の「もらい屋さん」は割引や特典をもらって当然と思う意識が強いため、そうしたお客さまの声を鵜呑みにすれば、お店の利益体質はどんどん落ちてしまいます。

それを避けるため、10%サービスなど、いっぺんに最大限の割引や特典を出してお店の利益体質をゆがめるようなことはせず、刻んで提供して、お店のファンになってもらうのが得策です。

なお、切り札の割引券の日付が「当日限り」の場合は、「今日は行けない」という人には捨てられてしまいます。それではもったいないので、有効期限が長く割引率の低いものを先に渡し、その次にお店に興味を持ってくれて当日に来店できる見込みのある人には割引率の高い当日券を渡したり、リピーターにはより大きな割引券を渡す、「**特典の2段階攻撃**」を私はおすすめしています。

「ナクテモ客」の売上構成比率を高める販促を！

前述のように、お店にとって大切なのは割引や特典のレベルではなく、割引や特典が「あるか、ないか」をブレないように行なうことです。割引や特典のレベルで「多いか、少ないか」を重視してしまうと、「求めるべきお客さま像」についてもブレが生じ、曖昧になってしまいます。

本来、お店にとって利益を約束してくれるありがたいお客さまは、割引や特典がなくても来店いただける「ナクテモ客」にほかなりません。**「ナクテモ客」の売上構成比が低い飲食店は一見、繁盛しているように見えても、利益体質のお店とはいえません。**質の悪い売上を上げているだけの、短命で終わるお店です。

「求めるべきお客さまの像」を鮮明にしていないまま、お店の方向性そのものがブレてしまうと、本来は「ナクテモ客」であるお客さまを、「アルカラ客」や「もらい屋さん」に変えてしまうことになりかねません。その点にも注意しておくべきです。

6 販促企画の誤解
店に行ったら〝やってた〟ではNG！

企画は大成功！　でも、売上は変わらない!?

ある回転寿司チェーンでのこと。本部の販促担当マネジャーが各種のマグロを使ったメニューを用意して、「マグロフェア」という販促イベントを開催しました。その結果は「店内も盛り上がって、大成功でした！」と、そのお店も本部も喜んでいました。

ところが、その企画による売上は、普段とほとんど変わりませんでした。マグロ関連の出数（提供数）は増えたものの客数そのものは増えず、「商品構成がマグロ寄りに変わっただけ」だったのです。

飲食店が「やってた企画」をしても売上が上がらない理由

その「マグロフェア」は、「店内が盛り上がった」という面では成功だったのかもしれません。しかし、要した費用を考えると、売上が増えていない以上は経営的には成功とはいえません。盛り上がったからよいという考えは、お客さまへのご奉仕企画であれば悪くありませんが、売上の増加という結果が残せなければ販促企画として成功したとはいえないのです。

販促企画には次の2種類があります。

❶「やってた企画」

もともと、そのお店を利用するつもりで来店したお客さまが、「お店に入ったら、イベントをやっていた。せっかくなので、そのイベント商品を注文した」といった企画です。

物販業であれば、これで十分、他の商品の購入につなげることができます。アップセル（よりグレードの高い商品・サービスの購入を顧客にうながすこと）による単価アップが見込めるからです。しかし、飲食店の場合、お客さまの「胃袋」という限界があります。先の「マグロフェア」のような「やってた企画」では、商品構成が変わるだけで、売上の増加にはつながらずに終わってしまう可能性が高いのです。

❷「やってる企画」

もう1つは「やってる企画」です。「こんなおもしろい企画をやっているから、その飲食店に行ってみよう！」と思ってもらえるような企画です。先の例であれば、「近くの回転寿司屋でマグロのイベントをやっているから、今度の週末に行こう！」と思ってもらえるような企画です。「行ったら、やってた」のではなく、「やってるから、行こう！」とお客さまが思える販促企画が実現できれば、来店客数は増加し、売上もアップします。

「やってるから、行こう！」と思ってもらうために重要なのが、告知による事前認知です。そのためにはメディアに向けたプレスリリースやCMによる広報活動、チラシやポスティングなどの配布活動、既存客に向けたDM、メールやSNS、最近はアプリによる情報配信での再来店の誘導が重要です。また、事前に店内でポスターを掲示したり、レジの際にチラシを渡したりする店内事前告知も有効です。これらは、イベントを開催する飲食店のスタッフ全員がその重要性を理解できていないと、十分な効果が出ません。

たとえば、お店から送ったイベント告知メールをレジでのお支払い時に見せていただければ、一定率を割り引くといった手順で企画した場合です。飲食店でもよく行なわれている手法ですが、スタッフの理解が不十分であれば、「どのアドレスかがその場ではわからない」まま帰すことになってしまいます。すなわち、メールによって一時的に来店客を増やすことには成功しているものの、実際に来店したお客さまが「誰か？」を特定できないのです。

そうなると、その後の販促企画の精度が高まりません。ですので現場のスタッフ全員が、企画の目的と効果を十分に理解できていることが「大前提」となるのです。

「そんな企画、聞いてない⁉」本部販促における誤解

ある程度の規模の店舗展開をしている飲食店チェーンだと、本部が全店の販促企画を立案して実施することも多々あります。本部主導による「本部販促」です。

この本部販促による割引・サービス券をお客さまが持って来店したときに、対応したスタッフが本部販促のことを知らないケースがあります。そのお客さまからすれば、「赤っ

恥をかかされた」と思うことでしょう。こうしたことで生じたお店への不信感は、お店側が思っている以上にお客さまの心では尾を引きます。

結果的に、本部が指示した販促物やサービス内容、対応トークなどが現場の最前線にいるスタッフに十分に伝わっていなければ、お客さまは「スタッフ教育ができていないお店」と判断してしまいます。「週2回のアルバイトスタッフにまで、十分に周知できていなかった」では、言い訳にもなりません。

常にお店の営業内容、雰囲気を把握することができない本部からすれば、「現場のスタッフに足もとをすくわれた」ことになってしまいます。このような不備があってはお客さまに失礼であることはもちろん、お店も本部に対して不信感を抱くことになり、「誰も得しない販促」となってしまいます。

7

Textbook of the promotion

外回り営業の誤解 店内が後回しでは意味がない

店外へ出て営業活動するリスク

私が飲食店コンサルタントとして独立したての頃、クライアントである居酒屋の外回り営業を先頭に立って実践し、1時間で25件、100件を4時間かけて訪問していました。近隣の会社や事務所を回り、お客さまとの〝接近戦〟でその居酒屋をアピールし、販促物を手渡ししていたのです。

戻り（販促物を見て来店いただいたお客さまの割合）は10件に1件くらいで、まずまずの成果を上げたと達成感もありました。

そんなある日のこと、数回、訪問した会社でこんなことをいわれました。

「あなたががんばっているからお店に行ってみたけど、あなたから受け取ったサービス券のことをスタッフは知らなかったし、商品もサービスもイマイチだったよ」

私は、平謝りするしかありませんでした。

店内をしっかりと固めることをおろそかにしていた

独立したての私は、

「とにかく自分の得意とする外回り営業で結果を出し、売上に貢献しなくてはいけない」

と、外回り営業のことばかり考えていました。コンサルティングの報酬を受ける以上、お店に納得していただける費用対効果をもたらすことができなければ、その飲食店にとってはムダな支出となってしまうからです。

ただ、その〝焦り〟がいけませんでした。そもそも店長やスタッフで構成される店内の組織がしっかりと固まっていないまま、店外へ出て外回り営業をすれば、先のお客さまの声のように本末転倒の結果となってしまうのです。

この失敗を機に、私は外回り営業に出る前に、その飲食店の組織をしっかりと固めることから支援を始めていくことに方針を変えました。同時に、

「とにかく目先の売上を向上させたい」

という支援のオファーについては、ムリして受けないことも決めました。

「店内を固める」とは、継続的な情報共有ができていること

店内を固めるといっても、やり出せばキリがありません。それに、「これで店内の組織が固まった」という基準を設けることが難しく、設けたとしても、その状態が継続できなければ一過性のもので終わってしまいます。

「店内が固まった」というのは、結局、そのお店のスタッフ全員が同じ目標に向かっているということです。しかし、これが案外、難しいのです。なぜなら週5でシフトに入るスタッフもいれば、週2のスタッフもいますし、昼間の数時間だけ勤務するパートスタッフもいるからです。

そこで私は、店内が固まったという判断の基準を**「継続的な情報共有のしくみを導入し、それが維持できている」**ことにしました。その点からすると、先の私の失敗・誤解は、情報共有のしくみがきちんとできていなかったことから発生したことになります。

私はその居酒屋の全スタッフに、その日の営業結果や連絡事項をメール配信する「スタッフメール」の導入を進めました。今ではすべての支援先（顧問先）に「スタッフメール」の導入を最優先で取り組んでもらっています。

外回り営業だけに注力し、最優先にしていた頃にはできなかったことです。目先の売上だけを追っていては、飲食店も私たちのようなコンサルタントも長続きしないのです。

Textbook of the promotion

2章

飲食店集客の全体像がわかる！集客公式

1 飲食店の集客公式には4つの要素がある

飲食店の集客は「認知人口×来店率×残存率×リピート率」で決まる！

飲食店のマーケティングを考える際に、ぜひ意識していただきたいことがあります。それは、飲食店における「集客公式」です。これは、

①認知人口×②来店率×③残存率×④リピート率

によって集客できるお客さまの実数がイメージできるという公式です。

①の認知人口はお店のことを知っていただいている「概ねの人口」としての「数」であり、②〜④の3項目は、数ではなく、「率（パーセンテージ）」です。たとえば、認知人口が1万人、来店率、残存率、リピート率がそれぞれ30％、80％、50％とすると、

1万人×0・3×0・8×0・5＝1200人

図1 ｜飲食店の集客公式

1 認知人口 × **2 来店率** × **3 残存率** × **4 リピート率**

= **集客できるお客さまの実数**

ということになります。つまり、1万人の認知人口に対するマーケティングは、**「1200人のお客さまに対して効果を発揮し得るマーケティング手法かどうかを判断して行なうことが大事」**ということがイメージできます。

さらにその効果を高めるためには、来店率、残存率、リピート率のどの数値を高めるようなマーケティングを行なうべきか、という指針の選定や手法の選択といったことにも関連します。

正しい集客には順序がある

認知人口を増やすことはもちろん、来

店率・残存率・リピート率という3つの要素のいずれかが増えれば、確実にその飲食店の固定客（常連客、ファンといってもよいでしょう）は増えることになります。

そして、お客さまを増やすためには、闇雲にマーケティング手法を実践するのではなく、筋道を立てて「何がよくて、何がよくなかったのか」を判断しつつ、取り組んでいくことが欠かせません。

順序立ててというのは「来店率」を高めることだけに注力して認知人口を増やさないと、そのマーケティング手法は効果が薄れる可能性があり、「まず、リピート率を高めよう」としても、その効果が十分に得られない可能性があるということです。

また、多くの飲食店では、「来店率やリピート率を高めることが集客」と思い込んでいるようです。しかし、それでは、第一に重要な認知（人口）を高めるアプローチをしていないため、「お店のことをよく知らない人に対して、利益をばらまいている」ということになってしまうのです。

2

自分のお店の認知人口を意識しよう

認知人口とは、「お店のことを知る人の数」

認知人口とは、「何かしらのきっかけによって、お店のことについて知っている人数」のことです。

前提として、「お店に関係のない人は、お店に関わっている人ほどお店のことを知らない」ものです。お店の前に立派な看板があっても、気づかない人、気にとめない人は少なくありません。多くの飲食店の店長が、外回り営業などで店外の人とコミュニケーションをとると、「うちのお店、こんなに知られていなかったんですか!?」と驚きます。

お客さまがお店を認知する「きっかけ」には次のようなものがあります。

①自宅や勤め先の近所である
②通勤や何かの外出の際に、お店の前を通ったことがある
③職場の同僚や近所の住人、知人・友人など他の人から噂を聞いたことがある
④自宅や職場のそばかどうかには関係なく、何らかの機会にお店のことをネットで調べたことがある

なお、お店の情報（場所・業態・席数・連絡先・価格帯・商品・サービスなど）について「知っている程度」、また、いつ知ったか（いつ認知人口になったか）などの時系列的なことは問いません。いま知ったということでも、3年前から知っていたということでもかまいません。

通りがかりにふらっと看板を見かけたり、来店したことのあるお客さまであれば、お店が視界に入ったタイミングで認知人口になったことになります。数年前に新規オープンしたときに立ち寄っていただいたことのあるお客さまであれば、そのタイミングで認知人口になったことになります。当然ながら、お店に来店したことのあるお客さまは、すべて認知人口にカウントします。

通常、一定規模の飲食店チェーンが新規出店する場合は、その飲食店の商圏人口をもとにターゲット層の割合を算出し、〝認知人口となり得る人〟の数をできるだけ正確に割り出し、どのような業態店が最もふさわしいかをマーケティングしています。

しかし、それほどの規模でなければ、厳密に認知人口を算出しなくてもかまいません。これまでのお客さまリストやチラシ配布場所や枚数、ポスティング先などから、大まかに、「○万人の方には、お店のことを知ってもらっている」と、おおよその認知人口をイメージしてみるだけで十分です。お店の規模、マーケティングの取り組み度合いなどにより異なり、感覚的になってしまいますが、大まかでも認知人口数を把握しておいてください。

テレビのCMや広告の目的は認知人口を増やすこと

飲食業に限らず、すべてのビジネス、芸人やミュージシャン、さらにはYou Tuber、私のようなコンサルタントも、この認知人口の多寡で商売がうまくいくかどうかが決まります。まったく知らないものは買えませんし、知らないミュージシャンのCDは聴きませんし、知らないコンサルタントに依頼はできません。

この認知人口の多寡は「知名度」ということです。日々、テレビではＣＭが流れ、ネットでもさまざまな手法による広告が流れていますが、その主な目的は「知名度を高めるため」であり、**つまりは「認知人口を増やすため」**なのです。


そして、人は普通、購買や依頼に関して、「知らないもの」よりも「知っているもの、もしくは知っていたもの」を信頼するという心理が働きます。

たとえば、名刺交換したばかりの人から、「１０００円貸してほしい」と、いきなりいわれるのと、10年来の付き合いがある知人から、「１０００円貸してほしい」といわれるのとでは、どちらが違和感なく１０００円を貸すことができるでしょうか。当然、「10年来の付き合いがある知人から」になるはずです。

これと同じ心理は、相手が人ではなく商品に対しても働きます。身近な例でいえば、ドラッグストアなどのレジのところにある液晶ビジョンです。その液晶ビジョンには、いろいろな商品の広告宣伝の映像が繰り返し流れています。その映像がテレビＣＭであれば、お客さまが過去に自宅のテレビなどで視聴したＣＭをレジの場で思い出させる効果（リマ

インド効果）を狙っています。見聞きしたことのある商品であれば、

「そうだ、アレを買っとかなきゃ」

と思い出してもらうことで購買につなげているのです。

映像ではなく音響、ＣＭソングもその効果に拍車をかけています。商品名は覚えていなくても、店内に流れるＣＭソングを聞くと、店内のお客さまはその商品を思い出してくれるのです。

そのとき、お客さまはＣＭで流れている商品に一定の信頼を寄せて購入しています。こうした例からも、売れるかどうかは「商品そのものの良し悪し」以前に、知っているかどうかという「認知の有無」によって決定づけられていることがわかります。

１章１項に挙げた「行列」の話にも関連しますが、飲食業界の人が後学のため、また〝敵情視察〟的に、話題の行列のできる他の飲食店に行ってみたとき、「イマイチだった」と思う原因はここにあります。それは決して「同業のひがみ」ではなく、商品やサービスの内容というよりも単に知名度が高く、話題になっているから行ってはみたものの、「それほどでもなかった」と思うのです。

この「認知」、すなわち、まず知ってもらうために何をどうすべきかについては、３章

で述べる外回り営業や「攻めるチラシ配り」が重要です。一言でいうと、接近戦によるコミュニケーションによって、「お客さまに知り合いになったような気分にさせる」取り組みが大切なのです。

よくメディアにも取り上げられていますが、東京・浅草橋の「たいこ茶屋」という居酒屋の社長さんは、駅前で毎朝、

「よっしゃ！　今日もがんばっていきましょう！」

と通勤する人に声をかけているそうです。このような取り組みも、お店の認知人口を増やすためには効果的といってよいでしょう。

3 来店率を高める手法は2つに大別できる

来店率は認知人口のうち来店いただくお客さまの割合

来店率とは、認知人口のうち来店いただく（いただいた）お客さまの割合です。この率もある程度感覚的になってしまうことは否めませんが、ぜひ意識するようにしてください。来店率は**「来店いただいたお客さま÷認知人口」**で導き出すことができます。

この来店率を高めるために行なうのが、サービス・割引・特典などのチケットの配布です。ただし、そもそも認知人口になってもらっていない、すなわちお店のことを知らない人に、このような特典のついたチケットを手渡してしまうと、受け取っていただいても来店に結びつかない可能性があります。それは、1章4項の「500円券の配布」における誤解でお伝えしたとおりです。

飲食店は、知っている（認知している）お店であっても、行く「きっかけ」がなくては入らないものです。しかし、それでは売上になりません。そこで来店率を高める必要があるのです。来店率を高めるには、「**納期を切る**」ことと「**メリットを訴求する**」ことの2つがポイントです。

いつまで有効なのか、「納期」を切る

来店率を高めるポイントの1つ目は、「**手渡すチケットに納期（有効期限）を切る**」ことです。「〇月〇日までに、ご来店ください」といった主旨で、手渡すチケットに有効期限欄を必ず設けましょう。

仕事も夢も目標も、人は「いつまでに」という時間的な期限があるからこそ、行動を起こそうとします。これが無期限に、「いつでも対応します。OKです」などとすれば、その人はその仕事・夢・目標に向けた行動を起こすきっかけを失うことになります。

納期を区切る際の注意点をいくつか紹介しておきましょう。

かつて「1000円券」という、まさに〝切り札〟を有効期限なしで配布している飲食店がありました。これでは結局、お店の価値を落とすばかりか、お客さまからすれば通常価格を払うのが馬鹿らしく感じるようになってしまいます。切り札の役目を果たさず、こちらが望むタイミングでの売上の増加には結びつかないのです。

また、業者にチラシの大量印刷を発注する場合、チラシのクーポン券の欄に「〇月末まで」と、事前に有効期限を印刷するケースがありますが、これも要注意です。そのチラシをいっせいに配布するのであれば問題ないのですが、何回にも分けて配布するとなると、遅く受け取った人にとっては、有効期限までの時間的な余裕が減ってしまうことになります。

納期を切ったクーポン券つきチラシなどを手配り・手渡しするのであれば、**有効期限欄は空欄にしておき、配布する際に配布する分のチラシに日付スタンプを押せば**、このような問題は生じません。お客さまにとって公平にチラシを配布するという面からも、そのほうが好ましいのです。

なお、具体的な納期については、**初来店をうながす場合は2週間、再来店・リピートを**

うながす場合は1カ月を目安にすると、お客さまにとっても来店の予定が立てやすいでしょう。

どんなよいことがあるか、「メリット」を訴求する

ポイントの2つ目は、「チケットの有効期限までに来店いただけたら、どんなよいことがあるか」というメリットをわかりやすく訴求することです。

これについては1章5項の「10％サービスにおける誤解」を踏まえつつ、割引・サービスについて段階を設定したうえで決定するとよいでしょう。

飲食店にとっておすすめのメリットは、単純な「金額の割引」や「売上のパーセンテージ割引」といったもの（いわゆる〝実弾〟のメリット）ではなく、**季節や行事・祭事などを感じさせる特典（商品）をつける**ことです。

たとえば、夏なら「生ビールやソフトドリンク1杯無料」、冬なら「お好きな鍋のトッピング3品サービス」、秋なら「秋の味覚の炊き込みご飯か、サンマの塩焼きをサービス」、春なら「タケノコご飯をサービス」といった感じです。また、忘年会や新年会、暑気払

い、卒業・入学・入社などの行事・祭事の季節感を盛り込むのもおすすめです。

人にはイメージに喚起されて行動を起こす特性があり、季節感は人のイメージを膨らませる効果があります。これに、前述した「納期を切る」ということを絡ませて、お客さまの行動をうながすのです。たとえば、

「今が旬のおいしいサンマ、焼いてお待ちしています！」

というメリットなら、1カ月まで長く設定しなくても、2週間で十分に来店効果が見込めます。

「納期とメリットの相関原則」でお店のブランドを保つ

「納期を切る」ことと「メリットを訴求する」ことには、次のような相関関係があります。

①10％サービスなど特典を強くした場合は、納期（有効期限）を短くする
②納期を長くした場合は、特典を弱くする

先述したように、「特典が強く、有効期限が長い」と、「いつ行っても安く飲食できるお店」と思われてしまいます。お客さまに、通常価格を支払うことが馬鹿らしく感じさせてしまうのです。さらに、値段競争に乗って、お店の価値を落とすことにもなります。

特典と納期は「強×短」「弱×長」が原則！　この原則を守れば、お店のブランドを損なうことにはなりません。

4 「二度と来ない！」と思わなかったお客さまは残存客としてカウント

残存率とは、「もう二度と来ない！」と思わなかった人の割合

残存率とは、お店に来店して一定の満足を得たうえで、「もうこんなお店には二度と来ないぞ！」とは思わなかったお客さまの割合のことで、**「1－離反率」**で算出されます。

飲食店では一般的に、「もうこんなお店には二度と来ない！」と思ったお客さまを離反客と呼びます。一方で、離反客ではないすべてのお客さま＝残存客の割合が残存率です。つまり、お店を利用した結果、「可もなく不可もない」「普通だった」というお客さまも残存客に含まれます。

お客さまの中には、クレームがあってもお店に告げることなく、「二度と来ることはない」と思いながら帰っていった、いわゆる「サイレントクレーマー」がいます。そのよう

なお客さまは、残存客にはカウントしません。

「絶対に二度と来ることはない」と思うお客さまをお店に再び呼び寄せるのは大変な労力が伴いますが、「もし改善されているなら、寄ってもいいかも」と思うお客さまは、十分に見込み客です。そうしたお客さまは残存客としてカウントすることができます。

残存率を保つポイントは1つしかない

残存率を限りなく100%に近づけるポイントは、1つしかありません。**飲食店経営の王道ともいえる「QSC」を、高い水準で維持向上させることです。**

QSCとは、

①Q=クオリティ：商品

②S=サービス：接客

③C=クレンリネス：清潔さ

のことです。

このQSCを店長やスタッフが常に点検し、その水準を高い状態に保っておくのです。具体的な行動・点検の手法はたくさんありますが、基本は「いい飲食店として、ふさわしい運営をしていくこと」で、とてもシンプルです（詳細は、前著『採る・育てる・定着させる　これからの飲食店マネジメントの教科書』をご参照ください）。

そして、高い水準で保つ以上、「何かしらの目標が達成できたら終了」といった類いの取り組みではありません。食事が終わったお客さまに、「今日の料理はいかがでしたか?」と店長や料理長が声がけするのも大事なこと。お客さまに食事のあとにアンケートをとり、率直な意見をうかがうことも大切です。

そして、それらは継続することに意義があるのです。

店長をはじめとして調理、ホールのスタッフなど、働く人への依存度が高い飲食業においては、誰かに任せるのではなく、全員が常に留意しておくべきことでしょう。

5 飲食店にとって最も重要なリピート率

リピート率とは、離反しなかったお客さま（残存客）のうち再来店した人の割合

リピート率とは、店内のＱＳＣに対して一定の満足をいただいた残存客のうち、再来店いただいたお客さまの割合のことを指します。

飲食業は基本的に、全国、さらに世界を股にかけた通販ビジネスとは異なり、限られた商圏内の人をお客さまとするビジネスです。そのお客さまに来店していただかなければ、売上が生まれません。そのため、**地域のお客さまと「一生のお付き合いをしていく」くらいに地元に根づかなくては、経営を維持していくことはできない**のです。

そのように限られた対象への商売である以上、新規のお客さまを重視するより、むしろリピーターが重要です。リピート率は、飲食店において最も重視すべき指標といえます。

お客さまの「また来るよ!」という言葉にある落とし穴

リピーターになってくれそうなお客さまからの一言に、「また来るよ!」があります。ところが、お客さまの「また来るよ!」という言葉には、「落とし穴」が隠されています。

がんばっているお店は、一生懸命にお客さまをもてなします。そして、満足いただいたお客さまであれば、帰り際にこの一言を残してお店を出ることでしょう。

「おいしかったよ! また来るよ!」

この言葉に心が満たされ、疲れも吹っ飛ぶ気持ちはよくわかります。小躍りしたくなるくらいうれしいものですよね。

しかし、この言葉には、「また来るよ! の『また』がいつなのかがわからない」という悩ましい落とし穴が隠されているのです。

ここで、「飲食店あるある」の鉄板ネタを1つ紹介しましょう。飲食業の人なら皆、「あるある!」「わかる!」とうなずいてくれると思います。

常連客が半年ぶりに来店しました。

「久しぶりですね！　お元気でしたか？」

「そうだっけ？　ちょっと前に来たよ！」

このような会話、よくありませんか？　常連客にとっては、半年前でも1年前でも「ちょっと前」。「ちょっと前にこのお店に来た」と思っているのです。

そこには、お客さまとお店との時間感覚の差があります。そもそも、その人の気質にかかわらず人は忘れる生き物です。まして、情報の貯蔵庫であるネットと、いつでも情報を引き出せる「ポケット」であるスマホの普及により、個人が持つ情報量は飛躍的に増えました。それだけに、ちょっとした出来事はすぐに忘れてしまいがちです。

これは決して悪い意味ではありませんが、**「どんなに満足したお客さまでも、お店を出て3歩歩けば、お店のことは忘れる」**と思っていいくらいなのです。お店の側では、「お客さまとは、そういうものだ」と理解したほうが、「どうしたのだろう？　最近、お越しいただけていないな。何か不満に思うようなことをしてしまったかな……」などと感情を揺さぶられなくてすみます。

試しに、実際にお店を出たお客さまを観察してみてください。お店を出た瞬間、スマホを手にして覗き込んでいませんか？　あなたのお店のことなどすっかり忘れてしまっているかのように……。そのようなお客さまが増えている以上、「また来るよ！」ではなく、「また来たよ！」といってもらえるまでの取り組みが必要なのです。

「飲食店経営の弱点」を克服するためにすべきこと

満足してくださったお客さまであっても、次にいつ来店いただけるかがわからない。そのため、いつまでたってもお店の経営が安定しない。

このような落とし穴は、飲食店経営にとって弱点といえるでしょう。

では、この弱点を克服するためにはどうすればよいかというと、まず、**お客さまの連絡先を教えてもらう**ことです。次に、その取得したお客さまの連絡先（個人情報）に対して、2章3項の「来店率を高める手法」と同じように「納期（有効期限）」と「メリット（特典）」を含めた再来店アプローチ、すなわち「忘れる」お客さまに「思い出してもらう」アプローチをしていけばよいのです。

リピート率を「お店主導」で高めるために、お客さまから教えてもらうべき個人情報に

図2 リピート率を「お店主導」で高めるために、お客さまから教えてもらうべき個人情報

1	住所&氏名	DM・お礼状などの郵便物を送ることができる
2	メールアドレス	販促メールを送ることができる
3	LINEなどのSNSアカウント	アカウントを通じた販促告知ができる

は、大別して次の3種類があります。

①住所&氏名→DM・お礼状などの郵便物を送ることができる
②メールアドレス→販促メールを送ることができる
③LINEなどのSNSアカウント→販促告知ができる

以下、それぞれの特徴について、説明します。

まず、流動性（情報の変えやすさ）という点から見ると、①は、引っ越しや結婚などをしない限り変えることはないため、流動性が非常に低いです。一方、②

や③は携帯端末やＰＣを操作すれば変えられるので、①に比べると流動性が高いといえます。

ただし、コスト面で見れば、①への販促は最低でもハガキ代がかかってしまいますが、②や③であれば、コストは限りなくゼロに近づけることができます（ＬＩＮＥ＠は一定会員数を超えると有料になります）。

このうち、最もアナログな情報である①は、５章の「究極のお礼状」に活用することができます。

6 集客公式からわかる集客の鉄則

まず「認知人口ありき」という鉄則

飲食店の集客公式の４つの要素にそれぞれ数字を当てはめてみると、興味深いことが見えてきます。

①認知人口（1万人）×来店率（50％）×残存率（90％）×リピート率（50％）＝２２５０人

②認知人口（10万人）×来店率（25％）×残存率（45％）×リピート率（25％）＝２８１３人

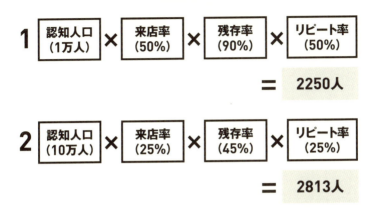

図3｜集客公式の4つの要素にそれぞれ数字を当てはめてみる

1　認知人口（1万人）×　来店率（50%）×　残存率（90%）×　リピート率（50%）

＝ **2250人**

2　認知人口（10万人）×　来店率（25%）×　残存率（45%）×　リピート率（25%）

＝ **2813人**

②は、認知人口は10倍だが、来店率、残存率、リピート率のすべてが半分。それでも、②のほうが500人以上も多く集客できている。たとえリピートのお客さまが4分の1（25%）でも、「まずは認知人口ありき」なのだ。

①と②では、②のほうが認知人口が10倍ですが、②のほうが来店率、残存率、リピート率のすべてが半分になっています。つまり、来店する人の割合は少なく、「二度と来るか！」と離反していったお客さまが半分以上（55％）と多く、加えて残った45％のお客さまのうち再来店したリピートのお客さまが4分の1（25％）といった内容であるにもかかわらず、②の人数のほうが５００人以上も多いのです。

このことからいえることは、**「まずは認知人口ありき」**という原則。これは、飲食店経営にとって避けることができない事実です。「認知人口が多ければ万全」ということはできませんが、そもそも認知人口が少なければ、常連客だけで十分に儲かっているお店でない限り、成り立ちようがないのです。

店内が固まっていなければ、お店の寿命は縮まる

では、認知人口が増えそうなエリアに出店すれば、それで万全かというと、そういうわけではありません。なぜなら、そういうエリアは競合店がスグに出店してくるからです。その結果、②のような営業状況のお店は、いくら認知人口が多くて繁盛しているように見えても、その寿命は短いものとなってしまいます。

「まず大事なのは認知人口」であることは間違いありませんが、結局は来店してからの残存率やリピート率が高い水準でなくては、お店は長続きしないのです。ましてやネットで評判が広がる時代、口コミで悪評が増えれば、たちまちお店にとって都合のよくない認知人口が増えてしまいかねません。より多くの人に知られたものがまず売れるのは確かですが、最終的にはよいものでなくては売れ続けることはないのです。

集客公式を踏まえた手順で集客していこう

集客公式を踏まえた手順とは、まず認知人口を増やしていくことで来店客を増やし、来店率を維持向上して来店客を増やし、同時並行して店内を固めて「残存率」を高い水準で維持向上させていくことです。そして、飲食店経営の勘どころといってもよい「リピート率」を高めるべく、お客さまの個人情報の収集を継続的にやっていくことです。

この一連の具体策が実践できたうえで、もとに立ち返って、さらなる認知人口を増やすための戦略と来店率を高めるための手法を仕掛けていきましょう。この手順を踏まずに、思いつきに走ってお店のメニューをいじりだしたり、大幅な割引券をばらまいたり、その場しのぎの手しか打たなければ、完全に裏目に出ます。取り組んでいる試みや施策が想定した効果を生まず、「空回り」してしまうのです。

3章

Textbook of the promotion

認知度＆来店率を高める外回り営業・チラシ配り・ポスティング

事例 CASE

1万1206件の訪問で800万円の売上が上がった飲食企業

3章では、いくつかの事例を踏まえながら、「外回り営業・チラシ配り・ポスティング」のポイントを見ていきます。まず、「外回り営業」の事例です。

外回り営業は「訪問営業」ともいわれ、飲食店でも一般的になってきました。従来の飲食店はいわば、お店でお客さまを待っている〝待ち商売〟でしたが、今は業態やお店の規模に応じて、積極的にお客さまの会社や事務所を訪問し、忘年会・懇親会などの宴会需要の獲得や、おせちの販売などに結びつけています。

まず、そんな外回り営業に取り組んだ飲食店の例です。

数年前、私は焼肉店、とんかつ店、イタリアンなどの飲食店を7店舗運営する社長と知り合い、その飲食店の社内研修を行ないました。参加した社員スタッフは約30名。社員スタッフにはまず、「自己責任」の重要性を伝えました。

「勤務時間が長くても、給与が少なくても、それは会社の責任ではなく、みずから選んだ人生の結果です。それを何とかしたいと思うなら、いま自分が置かれている環境で、自分の知識力・思考力・実行力を駆使し、圧倒的な成果を出すしかない！」
飲食店の場合の成果とは、売上です。いくら費用を削減して利益を絞り出しても売上が上がらなければ、そのビジネスは世の中や地域に必要とされていないといえるからです。そこで研修の最後に、私は、「ただ一つ、売上をみずからの力で上げましょう。そして、自分の人生の可能性を広げ、人生の選択肢を増やしましょう！」と伝えました。

その飲食企業に対する半年間の支援では、「お礼状」と「外回り営業」と「ブログ」を提案しました。具体的には、

①顧客情報の獲得とリピート対策となる「手書きのお礼状」
②近隣への認知活動と新規獲得となる「外回り営業」
③情報発信活動となる「ブログ」

です。いずれもすぐに劇的な売上を生むものではありません。しかし、景気のよくない時期に劇的な売上を生むような対策をとることは推奨できません。そのような対策は思うような効果が現われず、かけたコストを回収できないケースがほとんどだからです。たとえうまくいったとしても、急に忙しくなったことで店内が疲弊し、商品・サービスのレベルが落ち、結果的に不満客

を増やしてしまう危険性があります。

コストをかけず、コツコツと積み上げていく活動、つまり「ノーリスク&ローリターン」の販促が、不況期に売上確保をするうえでの基本戦略なのです。

私は伴走者として、各店での活動が継続するよう、一緒にお礼状を書き、外回りの営業活動に同行し、ブログを見続けました。私自身の半年間の訪問営業数は、累計で548件でした。そして、支援終了が間近となった頃には社内の累計外回り営業数が1万件を超えたのです。手書きのお礼状も、送付数が累計で7000枚を超えました。

「外回り営業」も「お礼状」も共に反応率（外回り営業やお礼状として渡した特典を持って来店いただいたお客さまの割合。戻り）は約10%でした。そして、その取り組みによる売上効果は半年弱で累計800万円ほどのアップにつながったのです。これこそ、飲食店のスタッフが「自分の力で上げた売上」でした。

外回り営業というと、一昔前の営業活動のように思えるかもしれません。しかし、お客さまに〝接近戦〟で挑む飲食店だからこそ、このような営業活動が有効なのです。そのことを理解したから、社員スタッフは自分の人生に対して本気になったのです。

図4 ｜取り組みによる売上効果の差

営業を何件、回ったか?

■ 法人営業活動

営業活動件数	累計件数	10月度	11月度	12月度	01月度	02月度
1号店	2103件	474件	547件	382件	379件	321件
2号店	2137件	403件	456件	419件	533件	326件
3号店	1178件	157件	417件	296件	92件	216件
4号店	1390件	300件	395件	332件	205件	158件
5号店	1395件	414件	420件	334件	205件	22件
6号店	1297件	205件	190件	294件	250件	358件
7号店	1706件	334件	333件	326件	419件	294件
戻り件数(全店)	1096件	247件	313件	230件	122件	184件
活動件数	11206件	2287件	2758件	2383件	2083件	1695件
反応率	9.78%	10.80%	11.30%	9.70%	5.90%	10.90%

営業による売上効果 (各店の当月の組単価で試算)

■ 貢献売上

法人営業 戻り売上	累計金額	10月度	11月度	12月度	01月度	02月度
1号店	2,503,660円	375,796円	881,426円	574,880円	312,361円	359,197円
2号店	2,085,925円	418,945円	304,479円	696,810円	447,357円	218,334円
3号店	95,192円	16,468円	12,900円	23,456円	9,513円	32,855円
4号店	369,026円	98,530円	42,228円	123,258円	71,055円	33,955円
5号店	2,570,014円	919,558円	1,192,650円	381,987円	49,563円	26,256円
6号店	371,106円	7,730円	0円	9,096円	46,986円	307,294円
7号店	178,980円	29,583円	24,309円	40,310円	27,676円	57,102円
合計	7,995,393円	1,866,610円	2,457,992円	1,849,797円	954,493円	866,501円

1

「営業中↑↓閉店」看板をひっくり返すだけのお店から脱却しよう

以前は待っているだけで売上は上がった

かつて、景気も悪いとはいえず、飲食店の数に対してお客さまの数が多い時代がありました。今、50代以上の店長が若い頃、少し人数の多い食事会や飲み会などは、どんなお店でも必ず予約が必要だった時代です。飲食店はそれなりに繁盛し、「飲食店＜お客さま」の関係がありました。

その時代であれば、店内のQ（クオリティ＝商品）、S（サービス＝接客）、C（クレンリネス＝清潔）の3点に注力しさえすれば、売上は上がりました。つまり、店内のQSCをしっかりとやって、お店がオープンしたら入り口の看板を「営業中」にひっくり返せば、それでよかったのです。

しかし、今はまったく違います。人口の減少のほか、飲食店の数に対して、お客さまの数が少なくなったからです。**「飲食店＜お客さま」の関係に変わったのです。**

そうなると、店内のQSCに注力しているだけでは、必要な売上は確保できません。競合他店も同じように努力しているなら、なおさらです。以前のように、看板をひっくり返してお客さまを待っているだけでは、飲食店は成り立たなくなったのです。

他業種と飲食業における「営業」の違い

この状況における「営業」について考えてみましょう。

他業界であればどうでしょう？　「営業」の意味するところは、他業界と飲食店を比べるとかなり異なります。

たとえば、他業界の会社には「営業部門」という売ることを目的とした部署があります。そこには営業担当がいます。営業担当は訪問先にアポをとり、得意先や顧客を訪問し、商品やサービスを紹介・提案し、見積りを出してクロージング（購入の意思決定アプローチのこと）をかけながら売り込みをしています。これが、「営業」です。

もちろん、媒体に商品を掲載したり、ネットを活用したり、折込みチラシを打ったり、FAX販促などを行なうことも、売上を上げるための営業ではありますが、やはり訪問してクロージングをかける、人による〝接近戦〟にはかないません。営業担当はみずからの能力と労力と努力によって売上を上げています。

一方、飲食店は店内で「商品生産」を行なうことはもちろん、店内でお客さまに食事をしていただくという「商品提供」も行なっています。そのビジネスからすると、営業まで十分に手が回らなくても、お金を払いにお客さまがわざわざ来店してくれて売上が上がってしまうのです。

飲食店は、あくまで〝待ちの商売〟であり、外回り営業は販促の一環としての活動です。ここに違いがあることをまず理解しておくべきです。

「上がった売上」と「上げた売上」

そもそも「売上」は、次のように2種類に分けられます。

①上がった売上
②上げた売上

飲食店では、以前であれば「上がった売上」だけで十分に経営が成立しました。しかし、今は違います。「上がった売上」だけでは必要な利益（粗利益）が得られない飲食店が増えているのです。

そういった時代の変化に適応をするためにも、これからは「上がった売上」に「上げた売上」を上乗せできるスタイルの経営をめざしていくべきです。飲食業も、他業界と同じように売上を「自分たちの力で上げる」活動にチャレンジしていく必要があるのです。

①自分の能力・労力・努力によって売上を上げるべく、額に汗してがんばる人がいるA店
②依然、店内で待つスタイルのまま、販促は業者にお金を払って外注ですませているB店

今は間違いなくA店のほうが継続して繁盛しています。

それは売上や利益もさることながら、A店のほうが結局、店内のQSCが非常に高いレベルで維持されるようになるからです。

みずから営業をかけたお客さまは、自分を信じてくれたからこそ来店してくれたはず。人不足や競合過多により、多店舗・多業態展開など規模の拡大ができにくい今、その期待と信頼は絶対に裏切ってはいけません。そんな執念、執着心、いうなれば〝魂の炎〟が宿るお店になる。これこそ、「金をかけずに汗をかいたことによる副次効果」です。

外回り営業の3つの鉄則

外回り営業には、次の3つの鉄則があります。

❶全スタッフに参加を呼びかける

外回り営業を店長が率先して1人で行なっているお店もあります。しかし、それではとても手が回らないはずです。そこで、社員・アルバイト・パート、全スタッフに参加を呼びかけ、それぞれの出勤状況に応じてスケジュールを組んで対応してもらいましょう。

❷情報を共有することでわくわく感を醸成する

まず、スケジュールを組んで何件回ったか、どんな反響があったかなどを報告・共有するとよいでしょう。対応がよかった訪問先については、メモ程度でよいので記録をとり、お店に残しておくと、効率的に営業活動を継続していくことにもつながります。

もちろん、スタッフに外回り営業をやってもらうには、店長がスタッフメールなどで、「○○さんと△△さんの訪問で40名の宴会予約が入りました！　おめでとう、ありがとう。宴会シーズン間近、みんなで宴会を獲得しにいきましょう！」といった宴会獲得を褒める共有をして盛り上げていくことも、わくわく感の醸成につながります。

❸訪問先では売り込むよりも、「聞く」

訪問する時間帯は、訪問先の仕事が一段落する午後～夕方がよいでしょう。その際、訪問先では自分のお店を必要以上に売り込んだり、特典券をすぐに渡したりすることより、

- お店の場所を知っているかどうか？
- （お店を）利用したことがあるかどうか？
- （機会があれば）利用いただけるかどうか？

などについて無理のない範囲で聞くようにします。売り込むより、ごあいさつを兼ねて

図5 外回り営業の3つの鉄則

\ 1 /
全スタッフに参加を呼びかける

社員・アルバイト・パート、全スタッフに参加を呼びかけ、それぞれの出勤状況に応じてスケジュールを組んで対応してもらう。

\ 2 /
わくわく感を醸成し、継続する

何件回ったか、その反響を報告するなど、ゲーム感覚を取り入れる。対応がよかった訪問先については記録し、情報管理していく。店長がスタッフメールなどで宴会獲得を褒める報告をしていくことも、わくわく感の醸成につながる。

\ 3 /
訪問先では売り込むよりも、「聞く」

訪問先では自分のお店を必要以上に売り込んだり、特典券をすぐに渡したりすることより、

- お店の場所を知っているかどうか?
- （お店を）利用したことがあるかどうか?
- （機会があれば）利用いただけるかどうか?

などを聞く。ごあいさつを兼ねてお店についての認知を確かめに行く姿勢が重要。

お店についての認知を確かめにいく姿勢が重要です。忘年会シーズンに備えた訪問時には、「どのような宴会を開きたいか」を聞く宴会アンケートをお願いして、次回の訪問時に、アンケート結果に合わせて宴会メニューを提案し、成功したお店もあります。

これまで外回りを重視してこなかった飲食店であれば、徹底した外回り営業を重ねれば、確実に成果が出ます。月の売上を数十万円アップさせたお店、予約による売上を前年比で10％高めたお店など、たくさんの成功事例がありますので、ぜひ取り組んでみてください。

認知人口を増やすための外回り営業で「持っていくもの」

なお、2章で述べた認知人口を増やす目的で外回り営業を行なうこともあります。その場合は、通常の外回り営業よりも、あいさつに回るようなイメージで訪問します。

その際に持っていくツールは3点あります。

❶チラシ

店名やどんな業態の飲食店かよりも、最初に伝えるべきは「場所」です。どこの場所にあるお店の人があいさつに来たのか？　がわかりやすく示してあるチラシを持っていきます。

❷メモ帳

訪問先の企業名・店舗名を記録しておくため、また話をうかがうことができた際の内容を控えておくためにメモします。携帯のメモ機能を使うと便利です。

❸サービス券

前述のように各種のサービス券がありますが、来店率を高めるためにサービス券には、「納期を切る」ための、有効期限の明記を忘れないようにしましょう。

そのほかのツールとしては、必要に応じて、お客さまと交換する名刺を用意してもよいでしょう。パートやアルバイトの場合は名刺をつくっていないケースもありますが、それでもいっこうにかまいません。その場合は、

「○○にある中華料理店からごあいさつにうかがいました。ぜひ、このチラシをご覧ください！」

と、チラシを手渡してくるだけで合格です。

もちろん、店長など責任のある立場の人の外回り営業では、名刺の裏にサービス内容を手書きして渡すなどの工夫もできるはず。そのような対応のほうが、名前も顔もお店も相手の記憶に残りやすくなります。

また、訪問時の基本トークとしては、

①○○（場所）にある
②○○屋（どんなお店か＝業態）ですが
③今お店のチラシを配っていまして（目的）
今後ともよろしくお願いします！

この3ステップを絶対に忘れないようにしましょう。

2 「認知」と「来店」のマトリクスで攻め方が変わる

認知を横軸に、来店を縦軸に

実際の外回り営業をどのように行なうか。最初のまだ慣れていない段階、また、とにかく認知人口を増やすことに主眼を置く段階では、前項のような持参物と営業トークで、スケジュールを立てて回ることで十分です。最初のうちは店長や営業向きの先輩スタッフが同行して、やり方を指導してあげるとよいでしょう。

しかし、せっかくならもう一段レベルを上げ、組織的に、かつ効率よく成果が上がるように取り組みたいもの。その場合は、ターゲットに応じて外回り営業の力点を変えていくことをおすすめします。

その点でわかりやすいのは、次ページの図のように認知を横軸に、来店を縦軸に置いて

図6 | 外回り営業のマトリクス

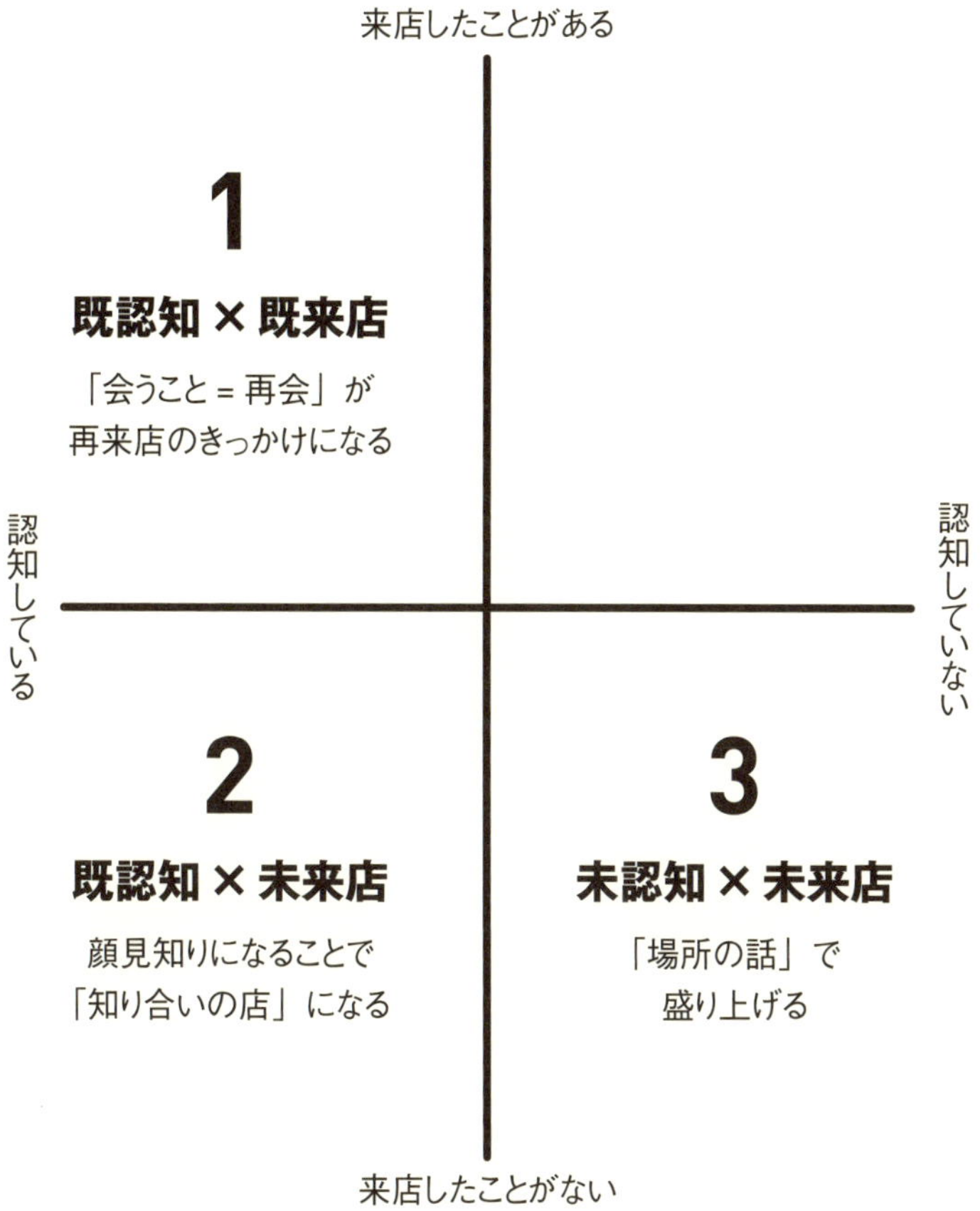

4つのエリアをつくり、そのエリアに応じて目的を変え、外回り営業に取り組んでいくことです。

【既認知×既来店】休眠客を掘り起こすことができれば、再来店も可能

すでにお店のことを知っていて、さらに来店いただいたことのある訪問先に対しては、その来店からどれくらいの間隔が空いているかで外回り営業の目的が変わってきます。

前回、来店いただいてから日が浅いお客さままであれば、

「年末も近いのでごあいさつにうかがいました」

程度のトークで十分です。しかし、来店間隔が3カ月、半年と空いているお客さまの場合は、

「お久しぶりです。年末の宴会シーズンも間近ですが、いかがでしょうか？　できることは何でもしますので、よろしくお願いします」

など、休眠客を掘り起こすためのトークをしましょう。うまくいけば、すぐに予約を入れてもらえることも可能です。外回り営業で、以前お店をお使いいただいたお客さまに会

う場合は、それがお店の外での「再会」になります。その再会がお客さまの再来店のきっかけになるのです。

【既認知×未来店】知り合いになって、来店率を高めるアプローチをする

訪問先のお客さまが、すでにお店のことを知っていても、まだ来店してもらっていないケースがあります。その場合の外回り営業で大切なのは、どんな料理の飲食店か、その価格帯は？　などより、単に**「自分がスタッフもしくは店長として働いている」ということを知ってもらう**ことを目的にすることです。

現実には、どんな料理の飲食店か、その価格帯は？　どんな雰囲気で、何を大事にしているか、など細かな説明を聞いていただく時間はまずありません。ですから、相手には、「この人がいる店なのね」ということを知ってもらうことがまずは大切なのです。

誰しも初めてのお店に入るときは緊張するものですが、その不安感は、そこで働く人と顔見知りになることで解消されます。

[未認知×未来店] まずは、場所と業態と人柄を知ってもらう

来店いただいたこともなければ、お店のことも知らない……、現実の外回り訪問では、そのようなお客さまがほとんどであることに驚くと思います。来店をうながすよりも、まずはお店のことを知っていただき、認知人口にカウントすることを目的にしましょう。

お店のことを知らない訪問先では、「場所」の話をふくらませると盛り上がります。「〇〇の隣にある……いえ、その反対側の……あ、そうです、その〇階にある……そうです、そうです」といったふうに相手と話すことで、その距離はグッと縮まります。

場所の話をしないまま、自店の商品やサービスの話をしても、相手はお店の場所がわからないままですから、来店効果は半減します。飲食店は、お客さまに来てもらってこそ売上になる商売です。外回り営業をする際には、それをしっかりと意識しましょう。

3 パート・アルバイトの外回り営業で実現する7つの「見える化」

店長以外が全員パート・アルバイトの場合の外回り営業

飲食店の外回り営業は、年末年始の宴会予約のほか、季節に応じた新メニューの販促展開においても欠かせないものです。外回り営業を代行業者に外注するのではなく、店長やスタッフが自分の足でお客さまの会社や事務所を回れば、大きな費用もかからないため、利益率の高い売上を得ることができます。

しかし、お店によっては店長以外がすべてパートやアルバイトというお店もあります。その場合の外回り営業は、取り組みやすさを考慮し、外回り営業の意義を伝えることに重きを置くなどの工夫が必要です。

その結果、いくつかの「見える化」が実現でき、それによってパート・アルバイトの仕事の幅も広がります。特に学生アルバイトにとっては、「就活に効く」ことを伝えてあげてください。そういった工夫を重ねることで学生アルバイトの未来にチャンスが広がりますし、外回り営業にチャレンジしてもらう動機づけを行なうことができます。

店内と店外の違い、活動の楽しさなどが実感できる

具体的には、外回り営業によって、次のような7項目の「見える化」が実現します。

❶「店外活動の違い」が見える

パート・アルバイトに外回りの営業を頼むと、「そんなこと、できない」と断られるケースがあります。しかし、営業時間中ずっとお店に籠りきりだと、仕事に変化がありません。飲食店での仕事に必要な社交性を身につけてもらうためにも、「外に出る機会」もあってしかるべきだと伝えてみてください。

あるいは手始めに、外回り営業の前段階としてチラシ配りをやってもらうのもよいでしょう。その手法は本章5項でお伝えするように、これまでの一般的なチラシ配りとは少し

異なるスタイルであり、「攻めのチラシ配り」と呼んでいます。

この方法により、店外の人に話しかけることに慣れてもらうのです。それが実現できれば、お店の内と外の違いもよくわかり、お店が単独で存在しているのではなく、「地域の中にある」ということが肌感覚で理解できることでしょう。市場・商圏にはどのような人がいて、お店には何が求められているかといったことも実感できるはずです。すなわち、店外活動の違いを「見える化」できるのです。

引っ込み思案のパート・アルバイトの場合は、社員スタッフや店長が一緒になってチラシ配りをしてあげてください。そうやって人と接することに慣れてもらい、外回り営業に抵抗を示さないパート・アルバイトを増やしていくのです。

❷「活動のやり方」が見える

実際の外回り営業の方法は、動画や店内での模擬トレーニング（ロールプレイング）などを通じて身体で理解してもらうのがいちばんです。動画なら、仕事の空き時間などに確認してもらうことで、お客さまの会社や事務所などへの最初の訪問のハードルを下げてもらうこともできます。

一見、「営業をやる」というと、パート・アルバイトは営業トークなんて難しそうと考えがちですが、本職の営業マンが行なっていることとは違います。パート・アルバイトの場合は、お客さまの会社や事務所などへのあいさつ回りの一環として、チラシ配りをしてくる程度の感覚のほうが取り組みやすいはずです。

動画を見れば、外回りの営業の実際を垣間見ることができます。パート・アルバイトのご両親や配偶者が日頃の仕事ぶりを理解する一助にもなるかもしれません。

❸「活動の楽しさ」が見える

まったく人と接する仕事ができない人はともかく、いろいろな訪問先で人と会うのは楽しいものです。むりやり何かを押し売りするわけではありませんから、

「いま、忙しいので別の機会にして」

「おたくの店、前に利用したけどボリュームがいま一つだったね」

などといわれることも、お店の評価を知るやりがいや楽しみの一つと理解してもらいましょう。

なお、パート・アルバイトの場合は特に、1人でお客さまの会社や事務所を訪問するより2人1組で訪問したほうが外回り営業の仕事も身につきやすく、会話を盛り上げるコツなどについて上達しやすいです。万が一、嫌な対応をされたときにも1人で凹まなくても

すむようです。このような2人1組の外回り営業を「バディ営業」などと呼んでいます（詳しくは、『採る・育てる・定着させる　これからの飲食店マネジメントの教科書』（同文舘出版）でお伝えしています）。

❹「活動のスケジュール」が見える

外回り営業をしていると、自分のお店の年間・月間を通じた活動スケジュールだけでなく、店外のお客さまの会社や事務所の活動スケジュールが見えてきます。繁忙期と閑散期、忙しい時間帯、お店の側が忙しくならなければいけない時期などがわかるようになります。

普通に店内の仕事をしていただけではわからない、地域のスケジュール感を身につけることができます。それを新商品の開発や店内活動、販促活動、さらに店外活動などに活かせば、効果的な外回り営業ができます。

そのためには、年末年始の宴会需要の獲得に限らず、定期的・継続的に外回り営業を続けていくことです。外回り営業のカレンダーをパソコン上で作成し、スケジュールを先に組んでおけば、パート・アルバイトもルーチンワークの一つとして理解してくれます。もちろんお店にとっても、欠かせない販促活動として位置づける意識も高まるでしょう。

❺「訪問実績一覧」が見える

外回り営業が後述するポスティング、チラシ配りと異なる点は、訪問先をきちんとリスト化することです。パート・アルバイトによる外回り営業も継続していけば、訪問先のリストができます。お店の商圏には、どんな企業や店舗があって、お店の利用状況はどうかなどについてが一覧できるデータです。

そうしたデータによって、次の電話やメールでのアプローチ、訪問活動などの販促の手法を変えることができます。なお、リストがあるため、その会社や事務所に訪問したパート・アルバイトが行なわなくてもかまいません。

そして、訪問実績のある会社や事務所のお客さまにご来店いただいたときには、外回り営業で訪問したパート・アルバイトがお礼のあいさつをすることも忘れないでください。お店と訪問した先のそのようなコミュニケーションが増えるほど、そのお客さまの常連度は高まっていくのです。

❻「活動による結果」が見える

外回り営業を継続すれば、その活動による売上アップの結果もわかるようになります。売上数値の上昇は、パート・アルバイト本人の意欲の向上につながります。お店によって

図7　訪問先リストの例

営業日時：××年7月2日　**担当者：**営業　太郎　**配布物の有効期限**　7月20日

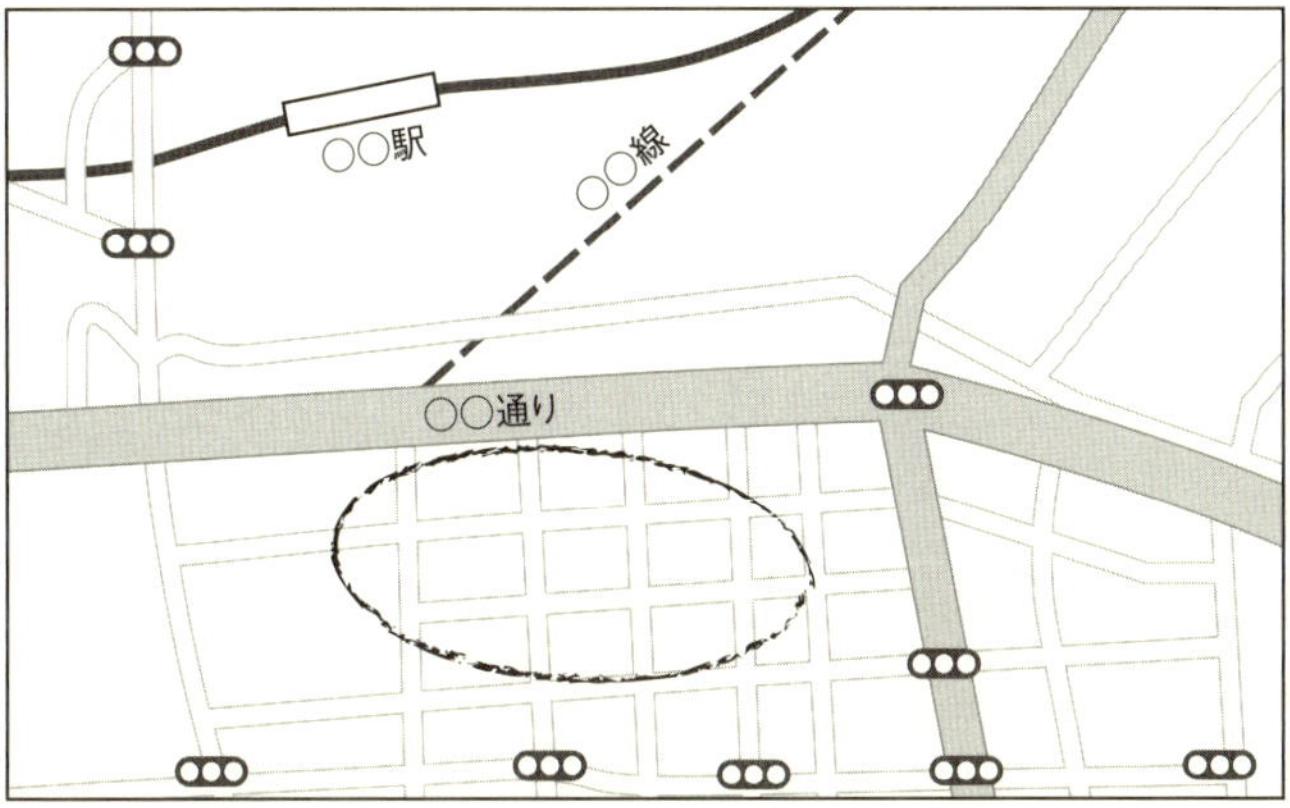

1. 訪問時の気づき

・県庁近くの「居酒屋○○」のランチメニューが800円になっていた。

・駅前のビルは、午後は留守なので、朝に訪問してもよいと思った。

※訪問先を番号と共に記入してください。

1. アニマルランド
○ 2. ○○新聞社
△ 3. せんべい○○屋
4. (株)○○コーポレーション
△ 5. (株)○○社
6. (株)○○クリエイティブ
○ 7. ヘアサロン○○
8. 財団法人○○
△ 9. ○○歯科
10. ○○内科
11. ○○県議員会館
12. 喫茶○○
13. クリーニング○○
○ 14. 美容室○○
15. ○○銀行

2. Good／Bad訪問先

No.	G/B	内容
2	○	「今度、行くよ！」
7	○	「行ったことある」
14	○	受付の女性の感じがイイ！
3	△	失礼な対応…今後不要
5	△	「ポストにチラシを入れておいて」
9	△	軽く説教された…注意！

3. 来店した訪問先

No.	来店日	内容	お礼訪問	
2	7/9	フリー5名。デザート券を持ってきてくれたので人数分サービス。お喜び！	7/12	
6	7/13	フリー2名。「宴会コースを教えて」とのこと。次回メニュー持参。	7/15	
14	7/11	ご予約4名。受付の女性がプライベートで利用。お礼状のみ送付。「次回は職場で…」とのこと。		

は一定の基準をもとに、時給のアップや報奨制度に組み入れることも不可能ではありません。何より、直接的な成果ですから、わかりやすく、本人はもちろん他のパート・アルバイトの刺激にもなります。

ただし、個々のパート・アルバイトを外回り営業の件数や売上で競わせることはおすすめしません。週2日や3日、夕方以降など、それぞれの勤務状況が異なるパート・アルバイトに対して、外回り営業の成績で競わせるようにすれば、どうしても短時間のパート・アルバイトのやる気をそいでしまうことになりかねません。店長はあくまで成果を褒め、店全体の一体感を高めることに徹するべきです。

❼「活動結果の証明」が見える

「競わせることをしない」代わりに、活動による実績を証明した〝認定証〟を渡すのもよいでしょう。次ページにその例を挙げておきます。こういった書面を発行することによって、スタッフのモチベーションは高まります（学生アルバイトであれば就活に使えます）。また、当然、このような活動への取り組み度合いが、昇給や時給査定のプラス材料になります。

図8 「訪問営業活動」成績認定証（例）

「訪問営業活動」成績認定証

店舗名

名前　　　　　　　　殿

貴殿は、株式会社○○の経営する「○○店」におけるアルバイト勤務において、雇用形態の枠を超えて、店舗の業績向上のために訪問営業活動に従事しましたことをここに証明いたします。

1. 勤務時間：平成　　年　　月　　日～平成　　年　　月　　日
2. 「訪問営業」総活動件数：　　　　件
3. 「訪問営業」活動による想定売上効果
   （反応件数×平均組単価）：　　　　円
4. 「訪問営業」による習得スキル
   - 深く、丁寧なお辞儀による挨拶
   - 初見の相手にも、臆することなく自分から話しかけられる度胸
   - 目を見て話を聞くヒアリング姿勢
   - 営業結果を適切に伝達する報告技術
   - 周囲の同僚に目を配り、声をかけられる気遣い
   - 与えられた業務を考えてアレンジする創意

以上

○年○月○日
株式会社○○○○
代表取締役社長　○○○○

4 宴会需要を獲得する！「最強の営業」

宴会需要はピンポイントでターゲットを定める

外回り営業は時間のあるときに闇雲に行なうだけでは、その精度が高まりません。特定の需要を確実に獲得する精度の高い外回り営業をめざすなら、ターゲットを定めた活動が重要になります。

ターゲットを定めた実効性のある外回り営業の目的の一つに、**「宴会需要の獲得」**があります。宴会需要は、たとえば同日、同時刻、同スペース（個室）で小人数の予約が入ったあとに大人数の予約が入ってしまうと、席の都合がつかず、あとからの大人数の宴会を断らなければならないという大きな機会損失が発生する可能性もあります。

そのため、「大人数」「高単価」「平日利用」といったほしい宴会の獲得については、予約を待つのではなく、これまで宴会で利用いただいたお客さまを中心に、こちらから〝攻めていく〟必要があるのです。そのポイントを見ていきましょう。

宴会前はもちろん、宴会後も外回り営業でフォローする

まず、**宴会シーズンの数カ月前から、これまで大人数、高単価、平日利用で宴会予約を入れていただいた企業・団体に電話を入れる**ようにします。その際には、新メニューの紹介など、お店側のアピールをする前に、前回の宴会での満足度について確認します。もし前回の宴会利用で、味やボリューム、接客やお支払いへの対応などで、お客さまが不満に思ったことがあれば確認をして、それを解決するための提案をしていくのです。

提案は電話でも可能ではありますが、店長や担当スタッフがあいさつにうかがうことも大切です。

次のポイントは、**こちらから攻めることで、予約を入れていく優先順位です。過去の予約台帳を開いて人数が多く、単価が高く、平日利用をしたことがあるお客さまから選んで**

アプローチし、平日の予約から埋めていくのです。

なお、宴会はただ料理を食べに来るというよりは、みんなで集まり、決められた予算内で、食事やお酒とともに懇親を深めることが第一の目的です。その目的に合ったコースを設定・提案することが重要です。

また、宴会と一口にいっても、年輩のお客さまの集まりや若い人の同期会、女性数人で集まる女子会などさまざまです。最適なアプローチを検討する際には、そのお客さまのこれまでの利用状況などの情報を活かすことも重要です。

最後に、**宴会で使っていただいた翌日には必ずお礼の電話を入れたり、お礼状を出すこと**です。これも次回に向けた外回り営業の一環といえます。企業であれば、春の人事異動で幹事・担当者が変わっている可能性もありますので、そうした場合もきちんと情報として控えておくと、次の宴会需要の獲得に効果が見込めます。

なお、外回りの営業では、オフィスや工場など会社の中に入れないケースもあります。その場合は無理をすることなく、警備や受付の方にチラシを手渡しするだけでかまいません。

失敗に学ぶ外回り営業のポイント

お客さまの会社や事務所に対する外回り営業に関しては、いくつもの成功例・失敗例がありますｂ。そのうち、私自身の失敗例としては次のようなものがありました。

①お店の制服でオフィスビルを訪問してしまった（身だしなみへの配慮が欠けていた）
②商品と名刺のみをアピールしてしまった（営業トークの手順を踏んでいなかった）
③初回の訪問でいきなり交渉してしまった（初回訪問の目的を踏み越えてしまった）
④いきなり高額特典券を出してしまった（「切り札」のタイミングを間違えていた）
⑤受付の内線で断られてしまった（内線での拒否を回避するトーク術を身につけていなかった）
⑥イヤな訪問先を再度訪ねてしまった（訪問記録を確認していなかった）
⑦スタッフと情報共有をせずに、ずっと1人だけで営業活動してしまった（スタッフの巻き込みが不十分だった）

図9 外回り営業活動における服装のメリット・デメリット

	スーツ	ユニフォーム
	社会での制服 →「提案型」スタイル	店内での制服 →「宣伝型」スタイル
メリット	①どこに行っても差し障りない	①店の宣伝になる
	②オフィスビルに入っても違和感なし	②一目でお店のスタッフだとわかる
	③スーツの相手とも堂々と話せる	③気軽な印象を抱いてもらえる
	④高価な商品の提案がしやすい	④着替える手間がかからない
	⑤訪問先の雰囲気を崩さない	
デメリット	①着替える手間がかかる	①お店から離れると浮く
	②説明がないとお店のスタッフだとわからない	②高価な商品の提案がしにくい
		③軽く扱われてしまう可能性がある
		④オフィスビルに入ると違和感が出る
		⑤訪問先の雰囲気を崩す可能性がある
	高単価→繁華街・ビジネス街・都市エリア向き	低単価→ロードサイド・地方エリア向き

このようなケースがありますが、図9では、外回り営業における服装のメリット・デメリットについてまとめましたので参照してください。このように、外回り営業のやり方によって服装の良し悪しがあることも留意しておいてください。

これらの失敗を避け、外回り営業でいち早く成果を出すためのポイントを3つに絞りました。このポイントが実現できれば、近隣の会社や事務所に対する外回り営業は、飛躍的に効果が向上します。

❶人海戦術に基準を設ける

たとえば、訪問する単位を市街地では1時間に25件、郊外では12件などの基準を設けて人海戦術で取り組むことです。そして、店長なら店長が自分だけでやろうとせず、スタッフなどの意見も聞きながら全員を巻き込んで取り組むことです。

❷初回は優良訪問先を選ぶ

初回から難易度が高い先を訪問するとくじけてしまうので、お店の利用経験がある会社や事務所を選んで訪問します。その際は特典券などの〝お土産〟も忘れずに。難易度の高い新規の会社や事務所は、初回訪問の際に受けた対応によって2回目の訪問をするかどうかを見極めたうえで、2回目以降の訪問で宴会を獲得するようにします。

❸サービス券には有効期限を設ける

これは2章3項で述べたとおりです。納期を切らず、いつでも利用できるとなると、トラブルにもなりかねません。2週間程度の有効期間を設けたほうが、宴会利用をする前の「お試し」利用をうながす効果を発揮します。

外回り営業は飲食店にとっては不慣れかもしれませんが、「こうして足で稼いで費用を浮かせた分、原価をかけていますのでお得です」ということを示すことができれば、お客さまの納得感を生み出します。

そして、店長だけでなくスタッフも巻き込んで「伝えること、やってもらうこと、続けること」で必ず成果が上がります。ぜひ、前向きにチャレンジしていきましょう。

5 受取率80%以上、精読率90%以上の攻めるチラシ配り

来店より、認知を第一目的とする

これまでのチラシ配りの目的は「来店していただくこと」でした。繁華街を歩けば、多くの飲食店が配布物を通行人に手渡していますが、その多くがチラシよりもサービス券です。サービス特典つきのチラシは、より多くの人に直接的な興味・関心を持ってもらうためにも有効でした。

ところが最近は、「500円券」「10%オフ券」「1品サービス券」といったものでも、あまり関心を示してもらえなくなっています。多くの飲食店が同じようなサービス券を配るようになったことで、特典に対する興味・反応が落ちているようです。そこで、これからのチラシ配りは、**来店を第一の目的にするというより、認知を第一に考えていくべきで**

す。そこにお店があるということを確実に知ってもらい、「知っている人を増やすこと」を目的とするのです。

内容よりも配り方を重視する

これまでのチラシ配りでは、チラシのキャッチコピーはどうするか、サービス特典はどうするか、デザインは最適かなど、チラシの内容に重きを置きがちでした。しかし、デザインや工夫を凝らしたチラシでも、新聞折込みや相手の自宅への無断投函（後述する、従来のポスティング）だと、受け取ったお客さまにポイ捨てされる可能性もあります。

そこで、チラシの**内容よりも配り方を重視する**ことをおすすめします。新聞折込みや無断投函ではなく、配っている人が笑顔で一生懸命にがんばって手渡している様子が見えれば、相手がチラシを読む確率（精読率）は確実に上がります。1回、読んでいただいて記憶に残れば、お店の認知度は確実に上がります。

通常のチラシ配りは、お店の近くの街頭で、相手の手許にチラシをパッと差し出し、相手が反射的に受け取ることを狙って行ないます。しかし、この方法だと、相手は「よくわからないまま、とりあえずチラシを受け取ってしまった」という気持ちになってしまうでしょう。それでは、興味を持って読もうとする意欲がいっぺんに下がってしまいます。

そこでこれからは、街頭やお店の前で、

「〇〇（場所）にある〇〇屋（業態）なのですが、こちらのチラシをぜひ！」

といったように、手短にどこにある何屋なのかを説明し、相手の了承を得たうえでチラシを手渡しましょう。渡す際の手間はかかってしまいますが、ポイ捨てされず確実に精読率は高まり、結果的にお店の認知度がアップします。また、受け取ってもらったスタッフのモチベーションもアップします。

私の経験では、受取率は80％以上。受け取っていただいた人のほとんどにきちんと読んでいただいています。精読率は90％以上と考えてよいでしょう。

〝罰ゲーム〟のイメージを払拭し、楽しい「攻めのチラシ配り」を！

これまでチラシ配りというと、スタッフにとっては「イヤな仕事、面倒な仕事」で、手が空いたときに罰ゲームのような感覚で取り組む仕事でした。そんな気分を一新してくれるのが、この**「攻めのチラシ配り」**です。

なお、チラシ配りの際は、ユニフォームでかまいません。むしろ、お店の外で仕事をしていることが行き交う人にもよくわかり、そのほうが〝チラシ配りをしている感〟がはっきりします。

「攻めのチラシ配り」が楽しくなる3つのテクニックは、

①やってみせること
②枚数を決めること
③記録すること

です。まず、やり方がわからない、今一つ積極的になれない、やる気が湧いていないスタッフには、ぜひ店長が「簡単だから、こうやればいいんだよ」と、お手本を見せてあげてください。細かな留意点は次項で述べますが、難しいことではなく、チラシ配りは「やるか、やらないか」、それだけです。

そして、配る前に1人当たりの配る枚数を決めておいたほうが、終わったときの達成感が高まります。また、どのスタッフが、いつ、何枚配ったかの記録を残しておくことをおすすめします。累計枚数によって、時給に反映させることを検討してもよいでしょう。

ただし、週2回、週5回など勤務時間が異なるパート・アルバイトについては、過剰にスタッフ同士を競わせることにならないように、各自の目標を基準に達成度合いに応じて時給に反映させるようにします。

自分が渡したチラシを持って来店いただいたお客さまとは、「再会」になります。そのときの喜びはひとしおです。

6
「攻めのチラシ配り」の実効性を高める10のポイント

立ち止まっている人に、簡潔に伝えて配る

攻めのチラシ配りについて、実効性を高めるポイントを10に絞って見ていきましょう。

この「攻めのチラシ配り」は、お店の近くの街頭でチラシを配る活動です。必要に応じて道路の使用許可証を最寄りの警察で取得しておくようにしてください。

まず、チラシを配るまでの6つのポイントです。

❶「立ち止まっている人」をターゲットにする

歩いている人、行き交う人ではなく、立ち止まっている人をターゲットにします。歩いている人は何かの目的があって行動を起こしている人で、立ち止まっている人は手空きの

状態ですので、時間の余裕のある人です。信号待ちの人、バスの停留所、街頭のベンチなどで一休みしている人などが狙い目です。

立ち止まっている人は、行き交う人よりも時間的な余裕があり、歩み寄って声をかければ話を聞いてもらいやすく、受け取ってもらいやすく、その場で読んでもらいやすいのです。断られた場合でも理由が聞けることもあるので、配る側としても納得がいきます。

ちなみに、お店と駅の間に信号のある交差点があったら、その交差点は絶好のロケーションです。朝は駅に向かう人が信号待ちで立ち止まる側の交差点、夕方が駅から離れていく人が信号待ちで立ち止まる側の交差点を選びます。

❷ターゲットの多いところを探す

ターゲットが多くいる場所は、人通りの多い交差点の信号、バス停、待ち合わせスポットなどです。街角にある喫煙所もターゲットの多いところの一つ。そうした立ち止まっている人が多くいる場所で、立ち止まった人を狙ってチラシ配りを行ないます。

❸声がけは横から

立ち止まっている人に後ろから声をかけると、ビックリされることがあります。かといって正面からというのも、信号待ちの人には難しく、敵対するか身構えるかのような印象を持たれてしまうかもしれません。

そこでベストなのは、さりげなく横から声をかけることです。声の大きさはいきなり大声で声をかけるのは論外ですが、さりげなくといってもヒソヒソ声では怪しまれてしまいます。ですから、横からハキハキと声をかけるのがベストです。

ちなみに、信号待ちの場合は最前列の人に声をかければ、後ろの人にもそれとなく聞いてもらえます。そこで、複数の人にいっぺんに配るという応用技もありますのでチャレンジしてみてください。

❹「場所・どんなお店か・目的」の3つを明快に

「どこの誰が、何の目的で」チラシ配りをしているのかを明快に示します。たとえば、「隣のビルの洋食店で、新規オープンのチラシをお配りしています」

この程度で十分です。要領を得ない長々とした説明や来店を強く求める要求などは不要です。相手に警戒され、不信感を持たれてしまうからです。

❺チラシは両手で差し出す

チラシを差し出す際には、両手を使います。折ったままのチラシを渡すのではなく、きちんと見えるように開いて渡します。これは名刺交換をイメージしてもらうとよいでしょう。「ありがとうございます。よろしくお願いします！」と受け取っていただいたことへの感謝の言葉を一言添えれば、お店への好感度もアップするでしょう。

❻受け取っていただけない場合は、「失礼しました」と一言お詫びする

相手が受け取らない場合は、おそらくは近所で暮らしているわけではない、お店での外食に興味がない、といった明確な理由があります。また、チラシ配りは、相手にとっては配布者が勝手に始めたコミュニケーションですので、断ることに非はありません。

そこで、受け取りNGだった場合は、「失礼しました」とお辞儀をして締めくくるとよいでしょう。誠実な対応が相手にとっても、周囲の人にとっても好印象を与えます。

チラシを受け取っていただいたあとのアプローチ

次にチラシを受け取っていただいたあとのアプローチです。これは4つがあります。

❶チラシを手渡しながら、一言プレゼンをする

チラシを受け取っていただけたときは、その内容を示しながら一言アピールします。すると、相手の印象により残りやすくなるからです。

「ランチもがんばっています」

「テイクアウトもあります」

「お1人のお客さまにも、宴会にも対応しております」

「春の新メニューがお客さまに好評です」

など、そのチラシにある内容を一言示せば、相手の理解度も高まります。

❷サービス券は最後に渡す

チラシを渡すことができ、一言アピールすることでお店を認知してもらえたら、最後に、「500円券」などのサービス券を渡します。攻めのチラシ配りは「まず知っていただき、その次にご来店いただく」のが正しい順序です。最初からサービス券をいきなり手渡しても、相手はそれにどんな価値があるかがわからず、拒否されてしまうからです。

なお、飴などをホチキスでとめたチラシを渡しているお店がありますが、それは飴を受け取ってもらうだけの行為となってしまうため、あまりおすすめしていません。それよりも相手にお店のこと、サービス券の内容を十分に理解していただいたうえで受け取ってもらうことに注力すべきです。

❸2種類のサービス券を用意しておく

サービス券は、

- 来店いただければ誰もが使える特典のサービス券
- 普段は出していない特別なサービス券

の2種類を用意します。1章5項で触れた「特典の2段階攻撃」です。攻めのチラシ配りでは、まず、「誰もが使える特典のサービス券」を渡し、こちらに好印象を持ってくださった相手には「普段は出していない特別なサービス券」を渡すようにします。

その際、特典の内容と有効期限を変えることがポイントで、特典を強くするほど有効期限は短くするとよいでしょう。前述したように、「弱い特典の場合は期限を長く、強い特典の場合は期限を短く。強く長い特典はブランドの低下を招いてしまう」は、サービス券の鉄則です。

内容が強く有効期限の短い特典では、「こちらの券は○日までの有効期限ですが、大丈夫でしょうか?」といったトークを挟みます。相手が「ムリ。忙しいからその日までには行けない」という場合であれば、その場で有効期限を少し延ばしてあげるテクニックも効果的です。

図10 「攻めのチラシ配り」の攻略ポイント

チラシを配る前

1 「立ち止まっている人」をターゲットにする
2 ターゲットの多いところを探す
3 声がけは横から
4 「場所・どんなお店か・目的」の3つを明快に
5 チラシは両手で差し出す
6 受け取っていただけない場合は、「失礼しました」と一言お詫びする

チラシを受け取っていただいたあとのアプローチ

1 チラシを手渡しながら、一言プレゼンをする
2 サービス券は最後に渡す
3 2種類のサービス券を用意しておく
4 最後は、目線は低く、お辞儀は深く

❹最後は、目線は低く、お辞儀は深く

目線を低くすれば、相手に安心感や親近感を持ってもらえますし、深くお辞儀すれば感謝の気持ちが伝わります。

なお、経営的には、チラシを配る目標枚数を事前に決めたり、1分で1枚を配るなど時間・人件費効率を試算したりすることも大事です。また、決めた時間になったら戻って来るようスタッフに指示し、ゲーム感覚で配布枚数を競う手法を取り入れてみてもいいでしょう。

攻めのチラシ配りを最後まで実行できれば、従来のチラシ配りに比べてお店の認知度が高まり、印象もよくなるため、来店いただける確率がぐんと高まります。ぜひ、トライしてみてください。

7 ピンポン・ポスティングと結果を出すための原理原則

コミュニケーションを重視したポスティング

ポスティングは、従来は相手の自宅のポストなどに「無断投函」するのが主流でした。しかし、このやり方での効果は年々、低下していっているのが実情です。

これから紹介する「ピンポン・ポスティング」とは、ポスティングの際に「呼び鈴（インターホン）」を鳴らして、相手の許可を得たうえでチラシを手渡すか、もしくは玄関ポストに投函する方法」です。従来のポスティングでは投函件数の量を重視していましたが、それよりも、どれだけの反応があったかという質を重視します。極端な話、反応率100%も夢ではありません。

投函するチラシのキャッチコピー・写真・サービス券の有無などは重要ではない、とはいいませんが、それらに依存しない対応が大切です。同じチラシでも、ピンポン・ポスティングでは従来のポスティングより精読率が圧倒的に高まります。なぜなら、「ポスト」に投函すること自体に意義があるわけではなく、**「そのお客さまとのコミュニケーションを重視する」**からです。

ちなみに、チラシそのものは、前述した「攻めのチラシ配り」で渡すチラシと同じものでかまいません。

業者任せにせず、相手を意識した対応が重要

人を意識して手渡し、もしくは投函するようになれば、相手のことを意識した対応を心がけるようになります。玄関先や呼び鈴を通した対応の場合でも、「来店いただくには、どうコミュニケーションをとったらよいか」と、相手を気づかう接客のコツが身につきます。

直接的にお客さまの許可を得たうえでポスティングするため、ポイ捨てされることもクレームが来ることも格段に減ります。

そもそもポスティングとは、本来手渡しすべきものを仕方なく玄関ポストに無断で投函しているものです。そう考えれば、「ポストに無断で入れられた！」「うちのポストに勝手にゴミを入れるな！」と怒り出す人がいるのも納得がいくはずです。

表立ったクレームにはならなくても、潜在的なクレームになる可能性はあり、それがお店の評判を落とすことにつながりかねません。少なくともポスティングという行為自体をよく思っていない相手には、玄関ポストを開ける手間、チラシを捨てる手間をかけてしまいます。

これからはポスティングも発想を変えて差別化していく必要があります。**投函した数に満足するのではなく、顔を見せていただき、手渡しできた数を重視する**のです。そのためには、行なう時間帯も夜中にせっせと投函して回るのではなく、相手に会うために在宅率が高い時間帯を狙って、ポスティング業者任せにせず、店長やスタッフみずから反応を確かめながら行なうようにすることが大切です。

8 即効性のあるピンポン・ポスティング7つのテクニック

7つのテクニックで情報を獲得し、来店率を高める

ピンポン・ポスティングのテクニックは次の7つがあります。難しいことではなく、すぐに実践できるものばかりです。

❶2択テクニック

インターホンで、お客さまに「手渡しがいいか、投函しておくか」を確認します。この2択に限ることにより、「いらない」という選択肢がなくなります。

❷プレゼンテクニック

手渡しすることができた場合は、玄関先でチラシを見せながら、どこの、どのようなお

ポストに投函する際は、お礼のコメントを!

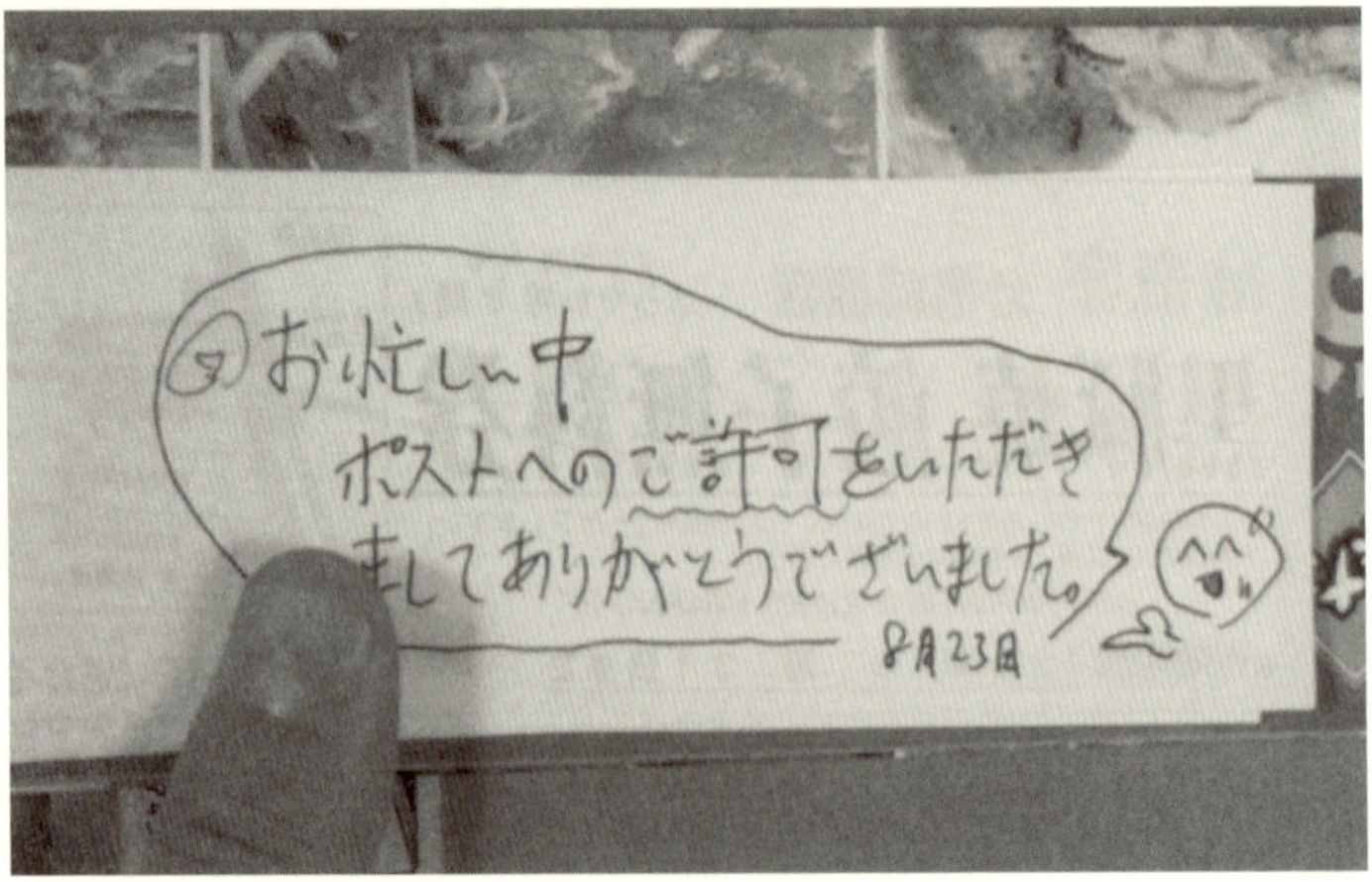

店か、そしてチラシの内容などをかいつまんで説明します。

❸ヒアリングテクニック

「お店のご利用・ご来店は、ありますでしょうか」「当店をご存じでしたでしょうか」などと聞くことで、お店の認知レベルを確認できます。

❹ウラ書きテクニック

ポストに投函することの許可をもらったら、上の写真のように「ご許可ありがとうございます」と一筆添えれば、お店の誠実さが伝わります。また、許可を出した当人以外の人がチラシを受け取っても、許可を得たうえでチラシを投函したことが伝わります。

図11 ピンポン・ポスティングの7つのテクニック

1　2択テクニック

インターホンで、「手渡しか、投函か」を確認

2　プレゼンテクニック

どこの、どのようなお店か、チラシの内容などを手短に説明

3　ヒアリングテクニック

お店のご利用・ご来店は、ありますか？（認知レベルの確認）

4　ウラ書きテクニック

「ご許可ありがとうございます」と一筆添える

5　削除テクニック

反応のよくない訪問先はメモしておいて、次回以降のポスティングではずすことでクレームを回避

6　特割テクニック

感じのよい訪問先に「特別サービス券」を手渡す

7　営業テクニック

目線は低く、深くお辞儀をして信頼感を与える

❺削除テクニック

反応のよくない訪問先はその住所と名前をメモしておいて、次回以降のポスティングではずせば、その後のクレームを回避することができます。

❻特割テクニック

感じのよい訪問先には、別に用意した「特別サービス券」を渡せば、来店率がぐんと高まります（37ページ「特典の2段階攻撃」を参照）。

❼営業テクニック

目線は低く、深くお辞儀をすることで、お店の信頼度が上がります。特に男性スタッフが女性に対するときにこの姿勢で臨めば、相手の安心感につながります。

ちなみに、週末の午前中など家族が揃って在宅しているタイミングを見計らって、ピンポン・ポスティングを行なうのも効果的です。

効率を高めるのであれば、エリアを分けて実施する

ピンポン・ポスティングの効率を高めるために、エリアを分けて実施することもおすす

めです。たとえば、次のようなエリア分けがあります。

❶ポスティングの「新規&既存」でのエリア分け

これまでポスティングをしたことのあるエリアについてはピンポン・ポスティングを行ない、これまでポスティングを行なっていない新規のエリアについては、第一段階として一般的な投函ポスティングを行ないます。

❷お客さまリストが「多い&少ない」でのエリア分け

店内で取得したお客さまリストの中で、住所が多かったエリアはピンポン・ポスティングを行ない、住所が少ないエリアについては、投函ポスティングを行ないます。

❸店舗からの距離が「遠い&近い」でのエリア分け

店舗から近いエリアはピンポン・ポスティングを行ない、店舗から遠いエリアは投函ポスティングを行ないます。

このうち普通の投函ポスティングについては、代行業者に依頼する手もあります。

大きな地図にピンポン・ポスティングを行なった地域を色づけし、店内に貼っているお店もあります。

総じていうと、お店にとって有利・有効なエリアほどピンポン・ポスティングをしっかり行なうことで、お客さまを他店に奪われないようにするのです。

お客さまの懐に飛び込んで、自分のお店の情報を得る

ピンポン・ポスティングには意外なメリットもあります。

お客さまにとっては、お店は〝アウェイ〟で、お金を払う立場であっても、いろいろなことをいいにくいものです。ところが、自宅の玄関は文字どおりの〝ホーム〟ですから、いろいろなことをいいやすい状況なのです。お店にとっては、訪問先のほうがお客さまの不満や要望を聞きやすい環境にある、ということです。

不満が出れば、ていねいにお詫びすることで店外に流出してしまったクレームの対応につながりますし、好評価であれば、再来店をうながすこともできます。

「あそこのお店の人ね。雰囲気も落ち着いていて、おいしいって聞いてますよ」

といった声があれば、

「そうなんです。特割券がありますので、ぜひご利用ください」

と誘導することもできるのです。このような〝接近戦〟が販促の質を高めます。

質の高い売上を確実に伸ばすには、種をまき、芽が出ることを信じて、毎日水やりを欠かさないことです。

ピンポン・ポスティングでも、自信を持ち、無理をせず、お辞儀で感謝の気持ちを伝えること。これからの時代は、単純に目先の売上を伸ばそうとするよりも、時間をかけて継続的にやっていくことです。

ガツガツとあわててやれば、評判を落とし、お店の寿命を縮めることになりかねません。ピンポン・ポスティングに限らず、「質を重視したていねいな販促」が求められているのです。

9 販促で流した汗は絶対に裏切らない

接近戦に勝る販促はない

これまでご紹介してきた「外回り営業・チラシ配り・ポスティング」という販促で共通して重要なことは、これまでやってきたやり方とは、異なる意識で行なうことです。これまでと同じ意識で販促をしていては、同等かそれ以下の結果しか生まれないからです。

しかし、これまで紹介した方法であれば、確実に従来以上の成果を生み出すことができます。

インターネットの発展によって情報過多の時代ですが、実態としては、顔と顔を合わせての対面コミュニケーションによる情報は減少傾向にあります。そこにチャンスがあるのです。求められているのは、情報の「質」です。

それは、販促――外回り営業・チラシ配り・ポスティングでも同様で、情報の質を高めることが重要なのです。外回り営業・チラシ配り・ポスティングで流した汗は決してあなたを裏切ることはありません。

あなたが店長なら、全スタッフはあなたががんばる姿を見ています。それは、お客さまについても同様です。お客さまは店長はもちろん、働く全スタッフを見ています。誰が見ても恥ずかしくない行動をとっていれば、そのがんばりは必ず報われます。

外回り営業で流した汗も、攻めのチラシ配りやピンポン・ポスティングで流した汗も、あなたを裏切ることはありません。なぜなら、飲食店がそうであるように、すべての商売の原点は「接近戦」にあるからです。**「接近戦に勝る販促はない」**――これは、これからもずっと変わらない商売の原理原則だと思います。

事例
CASE

「おせちメール」でおせち販売300個が600個に倍増！

震災の逆風をはねのけ、「おせちメール」を駆使して1400万円を売り切った東北の飲食チェーンがあります。東北で、とんかつ・和食業態を8店経営しているチェーンです。

震災のあった2011年は、11月から2万1000円と5万円のおせち料理を発売していました。そして、その年のクリスマス前の12月20日に、2万1000円のおせちの販売が目標の600個を達成、結果的に614個。5万円のおせちは19個を完売したのです。累計で約1400万円の売上。素晴らしい結果を残しました。

震災や原発禍の影響を受け、一時は、「こんな年に、おせちを売るのは不謹慎といわれるのではないか」といった不安や懸念もありました。しかし、「前向きに商売を続けていくことこそ、復興を早めることにつながる」という強い決意で、商品開発・販売を決めたのでした。

このおせち料理の販売に際して、1つのテーマがありました。それは「足し算の組織から掛け算の組織へ」でした。震災の前年まで、この飲食チェーンでは、「全体目標÷店舗数」で各店ごとの売上目標（ノルマ）を計算し、「ノルマを全店が達成すること＝全体目標の達成」という方法で、各店が自店のノルマだけを追いかける方式で目標達成をめざしていました。

このような方式を採用している飲食チェーンは多いでしょう。これが先のテーマの「足し算」を差します。ですが、この方式には「自店がノルマを達成すれば、それでよい」という意識を生んでしまうという弱点があります。そうした飲食チェーンでは、「店舗目標を達成したお店もあったが、全社目標は未達成だった」という話も聞きます。そうなると、社内で「勝ち組」と「負け組」ができてしまうだけで終わってしまうのです。

もちろん、目標を割り当て制にする方式には、店同士が競い合う効果があります。そこでこの飲食チェーンでは、割り当て制に、全体目標を意識するしくみを加えました。これが先のテーマの「掛け算」を差します。

お店ごとに割り当てられた目標を追う「手段」に加え、全体目標の達成が会社にとってすべてであることを全員が意識できれば、全員が同じチームの一員として、競い合いながらも互いに助け合う雰囲気ができ、結果的に「1＋1＝2以上の効果」が生まれるのです。

そこで、具体的に取り組んだのが「おせちメール」でした。全体目標の「600個まであと何個か？」というカウントダウンを毎日、担当者から社内の主要メンバーへメールしたのです。

全体目標を意識する人数と、目標達成率は比例します。

12月20日の夜、その日のおせちメール担当だった部長から、

「600まで、あと5個です！」

「あと4個！」

「あと3個!!」

メールは全員に1時間ごとに届きました。予想以上に早い達成に驚くとともに、メンバー全員が盛り上がる空気を感じました。私も一員として参加していましたので、非常に興奮しました。

「あと、2個!!」のメールには、私も「キターーー!!」と返信しました。そして翌朝、「無事、達成です!!」というメールが届いたときには、私は携帯画面を見ながらガッツポーズをしました。

この事例から私がお伝えしたいことは、目標を全員が意識することの重要性です。全体目標を意識する人の数が多いほど、目標達成率は高まり、そのスピードはアップするのです。

4章

Textbook of the promotion

離反率ゼロを実現するアンケート術

離反率ゼロをめざす！「お客さまアンケート」の工夫とコツ

飲食店販促の王道「お客さまアンケート」

お客さまの満足度を確認する手法の王道が「**お客さまアンケート**」です。

飲食店のテーブルに着くと、よくその脇にグラスや筒に入ったアンケート用紙が置かれ、そこにペンが数本差し込んであります。しかし、ただアンケート用紙とペンを置いてあるだけでは、あまりにももったいないと思います。一工夫も、二工夫も凝らすことで、お客さまが離反することを防ぎましょう。

飲食店は、お客さまが一定時間、店内に滞在するため、お客さまの声を直接聞くことができるビジネスです。アンケートを活用して、より多くのお客さまの生の声に耳を傾けていきましょう。

「高い」との声を聞いて、「しなくてもよい値下げ」をしていませんか？

ただ、ここで注意してもらいたいことがあります。それはアンケートの結果に安易に反応してしまうと、お店にデメリットをもたらすことがある、という点です。

たとえば、値ごろ感についてアンケートで聞いたとします。その際に、「この店は安い！」と声高に訴え、「安い」に○をするお客さまはほとんどいません。誰しも「安いに越したことはない」と思っているため、「普通」もしくは「高い」に○をつけるからです。さらに「高い！」と思ったお客さまは主張して叫ぶように、「高い」に○をつけます。

「高い」に○をつけたほとんどのお客さまは、正直なところ、お店の利益など考えてはいません。ただ、お客さま自身の損得勘定で「高い」と発言しているだけなのです。

毎日の営業で十分にアンケートを活かしきれていない状態でそうした回答を見たり、普段からアンケートに書かれた声に注意を払っていないと、「すべてのお客さまがそう思っている」かのように錯覚してしまい、こういった声に流されてしまうのです。

その結果、**「しなくてもよい値下げ」をしてしまうこともあります**。「高い」というお客さまの評価は少数派だったとしても、その意見が強く感じられ、流されてしまうのです。飲食店に限らず、経営とは「49対51であれば、当然51の多数派を選ぶ」ことが大前提です。ましてや飲食店であれば、その商圏にいる人たちの「51」を見いださなくてはなりません。「お客さまとはこういうものだ」と、遠方から来たコンサルタントが決めつけたように語るケースもあります。しかし、お客さまアンケートによって、まず、その地域における多数派のお客さまの声に耳を傾けるほうが正解に近いかもしれません。だからこそ、積極的に、飲食店にしかできないアンケートに着手していきましょう。

「覆面調査とアンケートの違い」を理解しよう

飲食店の中には、アンケートの代わりに「覆面調査」を導入しているお店も増えています。調査員であることをお店に知らせずに、飲食店の接客や商品の味、お店の雰囲気を調査する方法です。

その声はレポートとして本部に届き、その結果をお店の評価やマーケティングに活かすのです。その手法で、飲食店のコンテストを実施している団体もあります。

このような覆面調査は有益ではありますが、いわば調査員による「サンプル調査」であり、特定の項目については深い調査ができる反面、その内容に偏りが出ることもあります。その調査員の声が必ずしも多数派だとは限らないからです。

一方、アンケートであれば、調査員ではなく実際に来店している多数のお客さまによる実態調査になるため、多数派に近い観点からお店の現況が確認できます。しかし、多くのお客さまの声が聞ける反面、覆面調査のように深いところまで知ることはできません。

ですので、覆面調査とアンケートの両方を実施することがベストです。「狭くて深い声」「広くて浅い声」の両方を聞くことで、お店全体の状況を把握することができます。

Textbook 2 promotion

お客さまアンケートで最低限聞く項目とは？

必要なのは、基本的な5項目

お客さまアンケートでは、質問項目が増えるほど、お客さまが最後まで到達する確率が落ちていきます。「面倒だからやめた」と、途中で離脱してしまうのです。

お店側としては、せっかくのアンケートですから、あれやこれやとたくさんのことを聞きたくなるものですが、そうしたお客さまを減らすためにも、**アンケートの項目をスリム化すること**が必要です。

そこで最低限聞く項目として、次の５つをおすすめします。

①来店間隔（回数ではない）

②商品（料理）についての感想
③サービスについての感想
④がんばっていたスタッフの名前
⑤再来店の意思（総合判断）

この5項目とは別に、お客さま情報（個人情報）の記入欄を設けます。

①の来店間隔は来店回数ではありません。「何回目のご来店ですか」と聞くのではなく、「前回ご来店いただいたのは、どのくらい前ですか」といった聞き方で回答を求めます。その質問により、お店を利用いただいている来店頻度が把握できるのです。すると、「来店回数を上げる」ことより、「来店頻度を上げる」戦略が見えてきます。この来店頻度を上げる戦略が、お店の経営の安定につながるのです。

次ページに5項目を意識したアンケートの見本を示しておきます。アンケート用紙は、A6サイズ（A4サイズの4分の1）くらいの大きさで十分です。

図12 アンケートの例

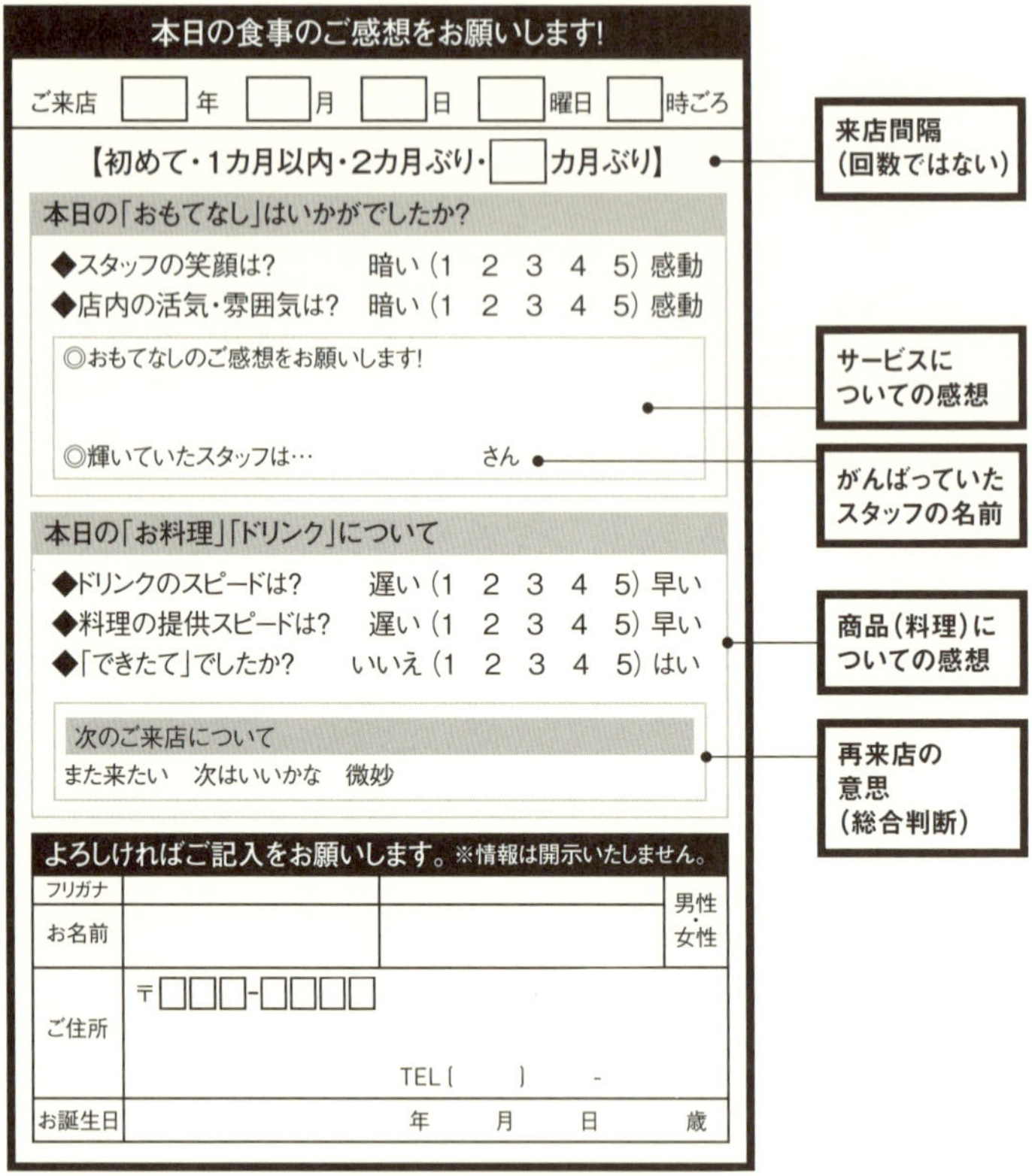

本日の食事のご感想をお願いします!

ご来店 □年 □月 □日 □曜日 □時ごろ

【初めて・1カ月以内・2カ月ぶり・□カ月ぶり】

本日の「おもてなし」はいかがでしたか?

◆スタッフの笑顔は?　暗い (1 2 3 4 5) 感動
◆店内の活気・雰囲気は?　暗い (1 2 3 4 5) 感動

◎おもてなしのご感想をお願いします!

◎輝いていたスタッフは…　さん

本日の「お料理」「ドリンク」について

◆ドリンクのスピードは?　遅い (1 2 3 4 5) 早い
◆料理の提供スピードは?　遅い (1 2 3 4 5) 早い
◆「できたて」でしたか?　いいえ (1 2 3 4 5) はい

次のご来店について

また来たい　次はいいかな　微妙

よろしければご記入をお願いします。※情報は開示いたしません。

フリガナ			男性・女性
お名前			
ご住所	〒□□□-□□□□ TEL (　　) 　-		
お誕生日	年　月　日　歳		

3 メールアドレスや住所を確実にゲットするテクニック

ただテーブルに設置するだけでは逆効果

アンケートにお客さまのメールアドレスや住所を記入していただければ、特定のお客さまに案内を送ったり、特典を提供したりすることもできます。

ただ、お客さまは簡単に自分の個人情報を教えてくれるわけではありません。アンケートでお客さまに個人情報を記入していただくためには、一工夫が必要です。

まず、お客さまアンケートを各テーブルに設置している例をよく見かけますが、あまり推奨できません。

それは、次の3つのデメリットがあるからです。

❶アンケート用紙が汚れてしまう

アンケート用紙をずっと置きっぱなしにしておけば、当然ながらほこりがつきます。用紙にシミや日焼けが発生しているケースもあります。スタッフやお客さまがつい折ってしまうこともあるでしょう。

特に、どうしても油の多い中華料理店やラーメン店、また、テーブルで料理する焼き肉店では、スタッフがよほど注意していないと、汚れてしまいます。

❷スタッフの意識と意欲がアンケートに連動しない

アンケートは「お客さまが勝手に書くもの」と考えてしまい、スタッフが注意を怠っていれば、書かれた内容がよいことでも、よくないことでも、あまり気にしなくなってしまいます。

❸1テーブルにつき1枚しかアンケートが取得できない

通常、アンケートが設置されているテーブルには、ペンが1本しか置いてありません。すると、5人集まった飲み会のお客さまからでも、アンケートは1枚しか回収できないのです。これではお客さまの声を聞く意味でも、お客さまの個人情報を獲得してアプローチをする意味でも、大きな機会損失といえるでしょう。

5人グループのお客さまに来店いただいたなら、5人のお客さまそれぞれにアンケートの記入をお願いできるようにすべきです。

アンケートとペンはお客さまのところへ人数分、持って行く

アンケートは、お客さま一人ひとりに記入してもらうため、直接お願いに行くのが最も効果的です。

具体的には、料理がテーブルに並んでお客さまが一息ついた頃を見計らって、接客・ホール担当者がお客さまに話しかけます。

「いま、簡単なアンケートをお願いしているのですが、ご協力いただけないでしょうか？」という声がけをして、OKをいただいたお客さまにアンケート用紙とペンを持っていき、差し出します。その際、すぐに書けるようにペンはキャップをはずすなど書ける状態にしてから渡してください。

もしOKをいただけずに断られてしまったら、「失礼しました」と伝えて、それ以上は

お願いせずに下がります。ただ、アンケートのお声がけをするまでに、そのお客さまと十分なコミュニケーションがとれていれば、「やめておく」と拒否するお客さまはほとんどいないと思います。もちろんスタッフ側としては、「アンケートを書いていただけそうなお客さま」を見極めてアプローチすることも重要です。

実際にある飲食店では、このアンケートの取得方法に変更してから、月50~60枚だった回収数が月400~500枚と約8倍に伸びました。

目的を伝えることで個人情報の記入率を高める

アンケートの評価欄（基本となる5項目）は記入していただけても、お客さまの個人情報の記入欄に何も書いていただけないことがあります。これでは、お客様のその日の利用における満足度は聞けるものの、その後のアプローチができません。

お客さまに個人情報を記入していただくためには、記入する理由を口頭で伝えることです。アンケート用紙に記載しているだけでは不十分です。

アンケート用紙を差し出す際に、個人情報記入欄を手で指し示しながら、

「こちらにお客さまのご連絡先を記入していただけましたら、当店からお手紙をお送りいたしますので、お願いいたします」

と、記入する理由を伝えることで、お客さまに納得感を持ってもらうのです。このたった一言だけで、個人情報の記入率はぐっと高まります。

もちろん、それでも個人情報を記入することに抵抗感を抱くお客さまも少なくありません（街中より郊外、都会より地方のほうが記入率は高い傾向にあります）。その場合は、無理をすべきではありません。

また、「DM」や「お知らせ」ではなく、「お手紙」という言葉を用いるのもポイントです。そのお客さまに向けたメッセージがなくては、お手紙とはいえません。このお手紙の書き方については、5章で詳しくお伝えします。

4 アンケートの枚数と内容でその日の「売上の質」を判断する

お店の売上に「質」という考え方を取り入れる

店舗展開をしていく中で、特に4店舗目あたりから、アンケートの枚数と内容が、その日の営業状況・売上の「質」を判断するのに有効な数値指標となります。たとえば、次のような比較ができます（同規模のお店の場合）。

①A店……売上が40万円で、アンケートの枚数はゼロ
②B店……売上は20万円で、アンケートの枚数は20枚

この場合、A店は、売上金額（量）は高かったが、質が低かった可能性がある、と判断できます。一方のB店は売上金額はもう一歩だったが、質は高かった、と判断することができます（もちろん、B店については、アンケートの内容を精査する必要がありますが……）。

つまり**アンケートで重要なのは、まず取得枚数**であり、前述のような取得枚数を上げるための工夫をすることです。一度にたくさんのことを、詳細に聞こうとするのは取得枚数を下げる間違った対応です。この売上の「量（金額）」と、売上の「質（アンケートの枚数）」の関係を図に示すと次ページのようになります。

そもそも、お客さまに支払っていただくお金がそのお店での食事に見合ったものであれば、アンケートを記入いただけます。さらには、用紙を持ってきた担当スタッフに「あなたのことを書いてあげるよ」と、お客さまからいってもらえるかもしれません。そのようなお店の状態の「証拠」となるのがアンケートであり、その枚数がお店の営業の「支持率」といえるのです。

逆に、そもそもアンケートが取得すらできていないという場合は、その日の売上が高くても、その質は低かった（お客さまにアンケートのお声がけができないくらいバタバタだった）と判断できます。

図13 営業の量と質を判断するポイント

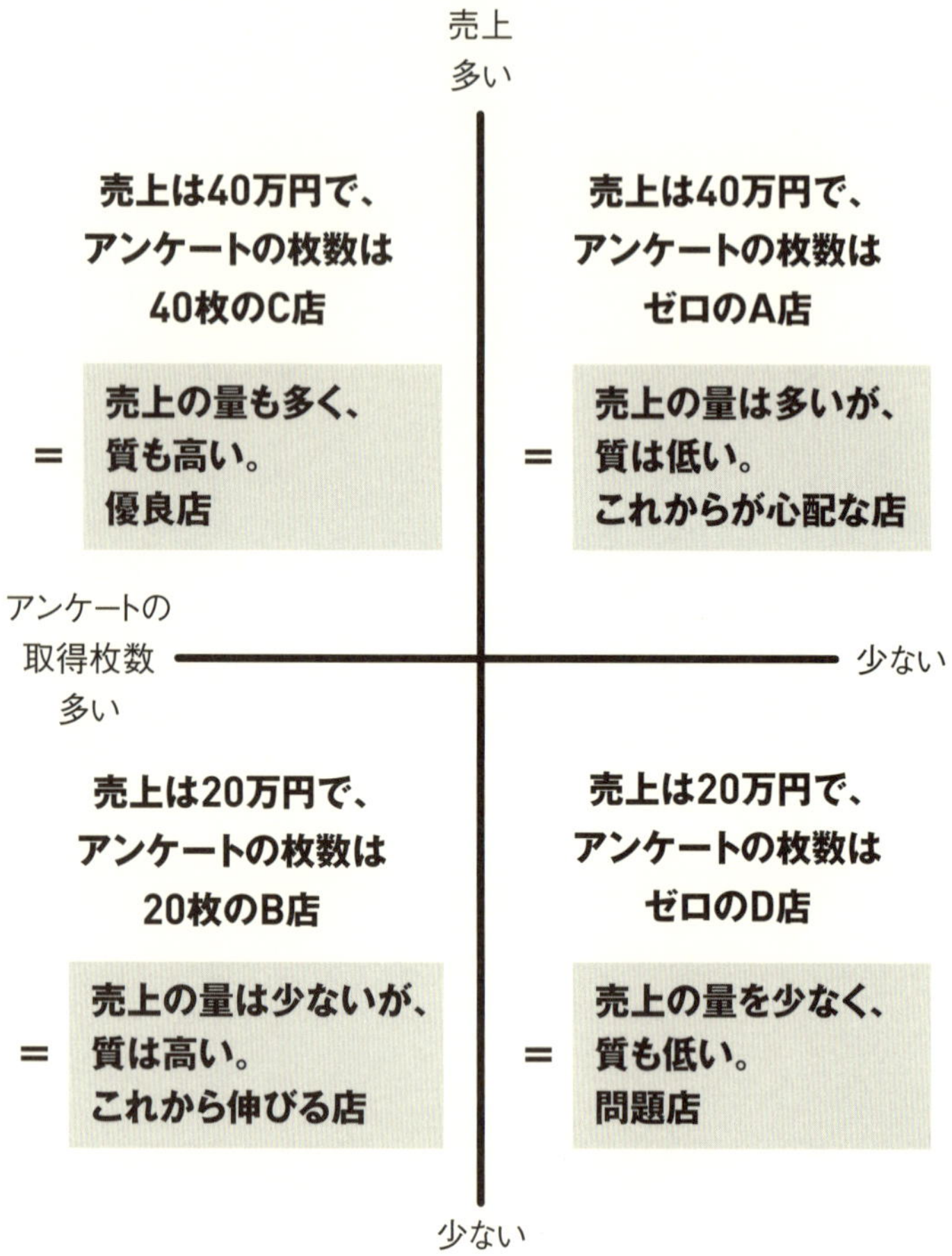
売上
多い
売上は40万円で、
アンケートの枚数は
40枚のC店
＝ 売上の量も多く、
質も高い。
優良店
売上は40万円で、
アンケートの枚数は
ゼロのA店
＝ 売上の量は多いが、
質は低い。
これからが心配な店
アンケートの
取得枚数
多い
少ない
売上は20万円で、
アンケートの枚数は
20枚のB店
＝ 売上の量は少ないが、
質は高い。
これから伸びる店
売上は20万円で、
アンケートの枚数は
ゼロのD店
＝ 売上の量を少なく、
質も低い。
問題店
少ない

アンケートの内容からも「売上の質」を判断する

特定のスタッフの対応や、特定の料理に「難がある」といったコメントが多ければ、改善していかなければなりません。お店の上司であるリーダーや店長に指摘されるより、複数のお客さまに指摘いただいたほうが、スタッフも前向きな気持ちで改善できるはずです。

本章でご紹介した「本気のアンケート術」を継続できれば、きっと指摘を受けたホール担当者や調理担当者だけでなく、店長、他のスタッフもお客さまの指摘を〝自分ごと〟として捉え、一緒になって改善の対応に取り組むことができるでしょう。

事例 CASE

アンケート取得数が3カ月で800%アップ！

経営を安定させるお客さまリストは、現場力さえ高めることができれば飛躍的に増やすことができます。

飲食店では、夏の終わり頃から年末商戦を控えた仕込みが始まります。この「仕込み＝種まき」が遅くなるほど、大手飲食チェーンの宴会コースとの「低単価合戦」に巻き込まれる可能性が出てきます。その状態を回避し、安くせずとも宴会を獲得できることが大切ですが、そのときにお客さまリストが重要な役割を果たすことになります。

そのお客さまリストを獲得するための、アンケートの取得数がこれまで月62件だったものを、わずか3カ月で494件までアップさせた飲食店があります。

ある地方のダイニングレストランです。このレストランは、もともとお客さまリストの管理は代行業者にアウトソーシングしていたのですが、それを「アンケート取得数を増やすこと」で、結果的にリスト数の増加に結びつけたのです。

アンケート取得数を増やしたポイントは次の3点です。

①アンケートの経営的な意味をスタッフに理解してもらう

お客さまにとってアンケートを書くというのは面倒なものです。加えて個人情報の流出が増えた近年は、自分の名前・住所・メールアドレスを書くことへの警戒心が増しています。そのため、アンケートの取得が難しくなっています。

スタッフも記入を拒むお客さまには消極的になっているため、アンケートの取得をQSCよりも優先順位が低い仕事と判断し、やらなくなることも少なくありません。

そこで、アンケート取得数を増やすことによって顧客リストが増えれば、より多くのお客さまに「お店を思い出してもらえるような、再来店アプローチができるようになる」ことを全スタッフに理解してもらうことが重要です。お客さまの最前線にいるスタッフのモチベーションにつながるのです。

②了承を受けてから用紙を持っていくアプローチ

頭でわかっていても、それを行動に反映させることができる人はほとんどいません。そこで、このダイニングレストランでは、まずアンケート用紙を持たずに説明し、お客さまの了承を得たうえで用紙とペンを持っていき、記入していただく方法を導入しました。さらに店内でロールプレイングを行ないました。頭で理解し、やって見せ、やらせてみて、成功体験を得ることで初めて現場が変わり、成果に結びついたのです。

多くのお店ではアンケート取得を増やす場合、アンケート用紙に工夫をするか、最初から用紙を持っていってお客さまにお願いするか、いずれかの方法でしょう。しかし、どちらも「事前了承を得る」ことに比べれば効果は下がります。

③アンケートの全体結果をフィードバックする

このダイニングレストランでは、アンケートの分析結果を現場にフィードバックしています。アンケートで特徴のあるコメントのみを控室に貼り出すケースもありますが、それは抽出分析です。この方法も効果はあるのですが、それだけではスタッフのアンケート取得のモチベーションは高まりません。

しかし、取得したアンケート結果のすべてを集計した全体分析であれば、「取得数を増やす＝よりお客さまの総意がわかる」ことになります。そのため、取得数を増やすモチベーションにつながったのです。

5章

Textbook of the promotion

リピート率を最大化するお礼状テクニック

1 「飲食店経営の弱点」を頭にインプットしよう

飲食店経営の「弱点」がわかれば、売れない「真の理由」にたどり着く

飲食店経営の弱点は、「満足したお客さまであっても、次の来店がいつなのか？　がわからないこと」です。つまり、飲食店にとっては、**「次の来店までの間隔（来店頻度）を、お店の都合で縮めること」こそが、弱点を克服するポイントになる**のです。

逆に、お客さまに満足いただいても、次の来店までの間隔がお客さまの都合であると、いつまで経ってもお店の売上は安定しません。

飲食店の売上が安定しない理由について、多くの飲食店の店長が、

「料理がおいしくないから」

「値段が割高だから」

「サービスが悪いから」

といった、店内のQSCのレベルにあると思い込んでいます。しかし、「おいしかった！　また来るよ！」と喜んで帰っていったお客さまが、どこの誰だかわからない、さらに、いつ再来店いただけるかもわからないことが、売上が安定しないことに大いに影響している事実に気づかなければなりません。

アパレルや美容院、スーパーやコンビニなどの〝待ちの商売〟では、お客さまの個人情報を獲得して活用するために試行錯誤を重ねています。飲食店もこれに見習って、まずはお客さまの個人情報を取得する活動を積極的に行なっていきましょう。すべてのビジネスにおいて、安定経営の土台となるのが、前章で述べた「お客さまリスト」なのです。

変更難易度の低い個人情報に頼らない

お客さまの個人情報については、昨今ではメールアドレスやSNS（LINE、ツイッター、インスタグラム、フェイスブックなど）のアカウントによるものが増えています。こういったツールへの情報配信は送付コストを抑えることができ、思い立ったらすぐにスピーディに送ることができ、タイムリーにお客さまのスマホなどの端末に届きます。

しかし、忘れてはならないことがあります。それは、**ネット系の個人情報はすぐに変更・拒否（ブロック）できてしまう**という点です。

また、コストがかからず、スピーディ、タイムリーというメールアドレスやSNSによるお店情報の配信における3つのメリットが、逆にアダになることも覚えておかなくてはなりません。手軽な内容を、簡単に送れてしまうことが、ときにお客さまの潜在的な不満を買ってしまう危険性もあるのです。

料理にたとえると、わかりやすいかもしれません。原価をかけず、すぐにでき上がり、注文したらすぐに出てくる――、こんな料理を出している飲食店に、魅力を感じるでしょうか？　完成品を提供する物販であればいいかもしれませんが、飲食店は違います。

そこで本章では、あえて送付コストがかかり、手間がかかり、届くまでに一定の時間がかかりますが、それ以上の効果を見込むことが十分に期待できる「手書きのお礼状」のノウハウをお伝えしていきます。

2 リピート率の向上は「1 to 1」アプローチが大前提

手軽なITへ向かうほど輝く「お礼状」販促

確実にお客さまの再来店をうながすなら、1対1のアプローチでなくてはいけません。具体的には、「自己重要感（あなただけ感）」をお客さまに抱いていただくことが大切です。

つまり「誰でもよいので来てください」ではなく、「あなたに来てもらいたい」というメッセージのほうが、同じ条件でも確実に相手の心を動かすことができます。

巷に流れる流行歌をよく聞いてみてください。ほとんどが「2人称（あなた）」への呼びかけで歌われています。だからこそ、一人ひとりの心に響き、再び聞く気が起きるのです。これと全く同じ原理です。

この1対1のアプローチにうってつけなのが、お客さまに来店いただいた際の「お礼状」です。もし、お客さまが感動するお礼状を書くことができれば、来店の頻度を高めることができます。加えて、他店への浮気を防止することもできます。

その第一段階として、4章で紹介したお客さまアンケートの活用があります。アンケートによって住所と名前がわからなくては、そもそもお礼状を送ることができないからです。そして、お礼状の中で、アンケートに書かれた記入内容について触れるのです。このメッセージがお客さまにとっては、アンケートに書いた内容に対する返事になります。

こういったお客さまとスタッフとのコミュニケーションが、再来店の動機につながるのです。

また、お礼状には必ず「お礼状を持って来店いただければ、○○を一品サービスいたします」という特典を書き添えておきます。そうすると反応率（効果）を計測することもできます。これを「お礼状の戻り」と呼んでいますが、お礼状の戻りが多ければ多いほど、「1 to 1」によるコミュニケーションができているお店と判断することができます。

こういったことができるのが、お礼状販促のメリットなのです。

3 ハガキ全面を手書きにするのは、特定のお客さまのみ

お決まりのお礼状では、「あなただけ感」が感じられない

「ていねいなお礼状」と聞いてまず頭に浮かぶのが、筆で、ていねい、かつ達筆でしたためられたお礼状です。高級感のある料亭など、業態によってはそうしたお礼状を送ることも効果があるでしょう。しかし、そうしたお礼状でも、お客さまの心に響くかどうかは別です。すなわち、お客さまに自己重要感を感じていただくには、一工夫が必要なのです。

一工夫とは、お決まりの言葉が並んだ定型文ではない〝何か〟です。

「ご来店、誠にありがとうございました。またのご来店を心よりお待ちしております」

と書かれたお礼状が届いて、受け取ったお客さまが、「あなただけ感」を覚えることはありません。「とにかく手書きであればいい」というものでもないのです。

むしろ、手書きなのに定型文であるということに機械的な印象や、場合によっては味気なさを感じてしまうかもしれません。

お礼状の目的は、決して「手書きする」ことではありません。手書きでも印刷でも、その文面を通じて、そのお客さまだけへの感謝の気持ちを伝えることが目的なのです。その感謝の気持ちの強さが、受け取ったお客さまの心を動かし、再来店へと結びつけることになるのです。

ハガキ全面を手書きにする「特定のお客さま」とは

飲食店の経営は、根本的に物販とは異なります。マーケティング用語でいうと、単価を高めるよう販売点数を増やしていく＝アップセルや、他に何かを買ってもらう＝クロスセルはあったとしても、その増加分（1人あたりの上限客単価）には「満腹になるまで」という制約があります。

ですから、どちらかというと**1回の客単価を上げるというより、来店頻度を高めて定期的な利用をうながし、客数を増やすことが重要なビジネス**なのです。そのためには、手書きでも印刷でも、その文面を通じて、感謝の気持ちを伝え、また行きたいと思ってもらうことが大事です。

だからといって、真っ白なハガキの全面を手書きするとなると、なかなか大変です。飲食店の単価から考えると、費用（労力）対効果が合いません。そこで、ハガキの一部にフキダシを設けて、一言メッセージを手書きするスタイルをおすすめしています（詳しくは次項）。

一方、全面が手書きのほうがふさわしいケースもあります。たとえば、1回あたりの利用単価が高い宴会利用の幹事さん、おせちを購入いただいたお客さまなどへ送るお礼状です。こういったお客さまには、むしろ全面を手書きにして、十分な労力・手間をかけてお礼状を書くべきです。

また、お詫びとして手紙を送る場合も、全面を手書きにすべきです。お店側の不手際によって気分を害したお客さまに、フキダシを入れたハガキを送るわけにもいきません。こういったお客さまに全面を手書きにしたお詫び状を送るのは、礼儀です。

4 5分以内で心に残るお礼状を書き上げる4つのポイント

続けられる方法で取り組むのが一番

お礼状を送るうえでハードルとなるのが、文面を書くための1枚あたりに要する時間です。客単価が1万円になるような高額商品の通信販売であれば、それなりの時間をかけて筆書きでていねいに書いてもよいのですが、飲食店はそうはいきません。客単価が高くはないからです。

お礼状は手間をかければかけるほど、お店での記憶とともに、お客さまを大事にしているということが伝わり、お客さまの自己重要感が高まります。すると、お礼状の反応、つまり再来店の可能性も高まります。

しかし、たとえば時給1000円のアルバイトスタッフが1枚あたりに15分もかけていたら、お礼状を書くための人件費が250円もかかっていることになります。ハガキ代を入れると312円。これでは費用過多になってしまいます。何より、お礼状を送るという仕事を続けることが困難です。

また、こういった手間をかけてお礼状を書いているお店の場合は、書く人が限られてしまう傾向もあります。

「お礼状は、字の上手な○○さんの仕事でしょ！」

といった意識に、他のスタッフがなってしまうのです。

これではいけません。全員が書かなくては、お客さまの再来店があった際の対応に、ブレが生じてしまうからです。お礼状を書いた人だけがお客さまの再来店を喜び、他の人はしらけてしまう状態にもなりかねません。

全員が書き、時間を最小限に抑え、自己重要感が強い内容にするポイント

お礼状については、**全員が書くこと、時間を最小限に抑えること、自己重要感が強い内容にすること**が重要です。これらの条件を満たすために、次のようにポイントを定めて書

くとよいでしょう。

❶書くための標準時間を1礼状あたり5分以内とする

それぞれのスタッフの勤務が終わる前の5分、10分を使ってお礼状を書いてもらいます。1礼状あたり長くても5分と決めておけば、手際よく5枚、10枚は書けます。

❷誰でも書けるよう裏面に印刷をして、一部だけを手書きする

手書きの部分は、一言メッセージという欄を設けておくようにします。印刷されたお礼状で、スタッフの似顔絵や顔写真から空欄のフキダシをつけておき、その部分を手書きするのです。

また、その手書き部分には「○○さま、ご来店ありがとうございました」と苗字だけでもかまわないので、お客さまの名前も入れます。お客さまの名前が入っていないと、お礼状という「手紙」ではなく、販促の「チラシ」となってしまうからです。

❸書いたスタッフの名前を書くようにする

お客さまのことを覚えると同時に、お客さまにこちらのことを覚えてもらうことも大切です。そこで、お礼状を書いたスタッフの名前を入れるようにします。そして、お礼状を

| 図14 | アンケートの回答に触れたお礼状の例

ご来店、ありがとうございました!

お客様の「声」が私たちの成長になります!
もっともっと満足していただくよう、もっともっと頑張りますので、どうか今後もお付き合いのほどをよろしくお願いいたします。

担当:　　　より

★こちらのはがきをお持ちいただければ、お食事後に
○○○○
をプレゼントいたします!

有効期限　　月　　日まで

↓

1 「ご職業は?」に、具体的な仕事を書いていただいていた場合

○○って、
ステキなお仕事ですね。
憧れます。
担当:スズキより

2 商品について好評価が並んでいた場合

味よし、ボリュームがある、
ありがとうございます!
次回も温かいお鍋を
ご用意して
お待ちしています。
担当:シライワより

読んで再来店いただいたお客さまには、お礼状を書いた担当者が「ご来店、ありがとうございます」と、一言お礼を伝えるようにします。

❹「そのお客さまだけの内容」を入れるようにする

「お誕生日おめでとうございます」「秋のキノコ料理はいかがでしたでしょうか」「おいしかったとのお言葉、誠にありがとうございます！」など、一言でかまいません。そのお客さまに向けた言葉を書き添えるようにします。

そうしたお礼状のサンプルを前ページに載せておきましたので、参考にしてください。

5 自己重要感を高めるお礼状を書くための9つの切り口

「そのお客さまだけの内容」で自己重要感を高める

前項❹の「お客さまの自己重要感を高める『そのお客さまだけの内容』」については、次ページの9つの切り口があります。

この9つの項目からスタッフが選んで、フキダシに書き添えるとよいでしょう。

なお、この切り口には段階があります。❶が最も受け取ったお客さまの自己重要感が高まる内容であり、❷→❸→❹の順に自己重要感が下がっていきます。なぜなら、お客さまにとっては、❶→❷→❸→❹の順に、お礼状を書いたスタッフ（あなた）の顔が思い浮かびやすいからです。

|図15|「そのお客さまだけの内容」の9つの切り口

1 話した話題について

2 来店したきっかけについて（会話にて）

3 誰と一緒に来たかについて

4 身なりや服装について

5 その日の提供した料理について

6 住んでいる場所・地域について

7 アンケートに記載されたコメントについて

8 職業・学校・職場について（アンケートより）

9 世代・学年について（アンケートより）

必ず「特典」と「有効期限」を記入する

また、この手書きのお礼状には、必ず「特典」と「有効期限」を記入する欄を設けておくようにしてください。

「期限までにご来店いただけたら、こんないいこと（特典）がありますよ！」とお客さまに呼びかけることで、お店側がお客さまの来店間隔をコントロールできるからです。特典については、その日の来店でお客さまが気に入った一品や、お店にとって自慢の一品、あるいは「当日の料理長のおすすめの一品」とすることを推奨しています。期間については、ご来店日から「ピッタリ1カ月後」とすると、前回の来店日がわかるので便利です（例：2月9日に来店なら、期限は3月9日）。

この期限については、遠方から来店したお客さまであれば「次回のご来店まで」と表記します。するとお客さまは次にその地域に行くときまでお礼状を取っておいてくれます。長いときは、1年以上の時を経て戻ってきたお礼状もありました。そのお客さまにとっては「その地域＝そのお店」という図式が頭の中にできていたのだと思います。他のお店に行くという選択肢がなくなっていたわけです。こうすることで、お客さまの次の来店がわからない〝待ちの商売〟という飲食店経営の弱点を克服することができるのです。

①フキダシのコメントでお客さまの心にある「あなただけ感」を高める
②特典でお客さまの心にある欲求を浮かび上がらせる
③有効期限で次の来店日を区切る

バレーボールでいうところの「①レシーブ→②トス→③アタック」の3段階をイメージして、お客さまの「心を射抜く」ことが、反応率の高いお礼状を書くコツです。

売上アップとスタッフの満足度アップが、一石二鳥で実現する

手書きのお礼状のメリットは、再来店をうながす販促効果もさることながら、スタッフの成長、モチベーションのアップにもつながるという点です。

手書きのお礼状を送る活動を継続していれば、毎日、仕事が終わるとき、お客さまの顔

を思い浮かべながらその日の仕事を振り返ることができるので、1章の「販促規格の誤解」で述べたような、「スタッフが販促内容を知らない」といったことも起こりにくくなります。お礼状という販促活動に取り組むことをきっかけにして本部が取り組んでいることと、スタッフが目の前で行なっている仕事がつながっていることが理解できるようになるからです。

さらに、有効期限のある特典がついたお礼状をお客さまに持ってきていただくことで、**店内満足→店外販促（再来店アプローチ）→店内再満足（再来店時に飽きられない商品・サービス）**という「商売の流れ」が理解できるようになります。お店が店内だけではなく、店外すなわち地域の中にあってこそ成立しているということが実感できるようになっていくのです。

お客さまの再来店による売上のアップだけでなく、スタッフの成長や満足度のアップにもつながるのも、手書きのお礼状の大きなメリットです。

お礼状については、ちょっとした気づかい・心づかいが欠かせません。次ページのような工夫があれば、お礼状を受け取ったお客さまの心に残るきっかけになります。参考にしてみてください。

図16 お礼状の7つの気づかい

1 住所を書いたら、すぐに送る（当日中に）

2 お礼状のハガキを読んで来店したお客さまには、担当者はもちろん、店長も一言お礼を述べる

3 封書で送る場合は、必ず重量を確認する

4 接客担当、レジ担当、店長、料理長など、できる限り、そのお客さまに接したスタッフがお礼状を書く

5 手書きのイラストがあれば、なお印象がよくなる。いわゆる「ニコニコマーク」だけでもよい

6 切手を貼る場合は、記念切手を貼る

7 宛名を手書きする場合は、特に「様」の字に心を込めて書くと、好印象

6 アンケートに書かれた個人情報はデータ入力せず、半年で廃棄する

「お客さまリスト」を1次リストと2次リストに分ける

お客さまがアンケートに記入してくださった氏名と住所（スタッフがお礼状を書くための情報）のリストを「1次リスト」とすると、1次リストに対して手書きのお礼状を送った後、**再来店していただいたお客さまのリストは「2次リスト」となります。**

1次リストは「数は多いものの、質（=反応率）は低い」傾向があるのが特徴です。多くの飲食店では、この1次リストをデータ管理して、定期的にDMを送るなどをしています。ところが、1次リストの活用は徐々に費用対効果（送付コストに対する反応による売上）が落ちていきます。また、リストが増えるごとにデータベースの管理も大変になっていきます。

そこで、2次リストに着目します。1次リストをお礼状という〝ふるい〟にかけて残った、**「再来店によって、戻りがあったお礼状の氏名と住所のリスト」**をデータベース化して初めて顧客管理を進めるのです。この場合は、反応のあったお礼状のみを打ち込めばよいので、労力は大幅に削減されます。

手書きのお礼状は、反応率（戻り）が10％は見込めます。ですから、データを打ち込む労力は10分の1になります。また2次リストを活用したDMの送付コストについても1次リストを活用した際の10分の1になるため、費用対効果も十分です。

なお、2次リストへのDMは一斉送付ですので、手書きではなく印刷したチラシでかまいません。特典をつける場合も、**「○○を1品サービスいたします。ぜひご来店ください！」**と印刷してあるだけで十分です。

この2次リストを使ったDMの反応率は非常に高く、40％以上を記録したお店もあります。閑散期にはうってつけの販促策といえるでしょう。つまり、手書きのお礼状を出すことによって、再来店による売上アップだけでなく、顧客リストの精査（スクリーニング＝質の高いリストの抽出）にもなるというわけです。

お礼状の回収と個人情報の廃棄に関するポイント

情報管理においては、特にお客さまの個人情報は厳格に行なわなければなりません。スタッフが勝手に持ち出したり、「○○さん、ここに住んでいるんだ」などと話し合ったりすることも厳禁です。こうした点を踏まえて、次の2つのことを確実に実行しましょう。

❶回収したお礼状は、必ず預かる

特典と有効期限があり、サービス券としての機能もあるため、持ってきていただいたお礼状は預かるようにしましょう。その際もし、お客さまがお礼状を所持しておきたい意向がある場合は、店長のスマホで写真を撮るなどしてから、返すようにします。

❷アンケートに書かれた1次リストの個人情報は、およそ半年で廃棄する

1次リストは2次リストを抽出するための元データですので、2次リストがあれば必要性はなくなります。また、1次リストを保管していると、数が膨大になり保管スペースの確保が難しくなって収拾がつかなくなります。そこで、1次リストは半年ほどをメドにシュレッダーなどで適確に廃棄します。

チェーン店では個人情報を一括管理するか、各店管理するか

個人情報の一括管理については、1社あたり5万件を超え始めると、管理が難しくなります。お客さまの転居などに伴うリストの更新や削除なども多くなり、リストを登録する担当者が対応できなくなっていくのです。

かといって、こういった顧客リストの管理をまとめて外注すれば、飲食業は物販ほどの単価の柔軟性（上限幅）が見込めず、費用対効果的に合わなくなっていきます。

そこで複数のお店がある飲食チェーンでは、本部主導で個人情報の流出を防止する対策をとったうえで、各店にも共有して管理してもらうことをおすすめします。アンケートの廃棄、リストの登録や削除、リストの更新などについても本部の監視のもとで、各店で行なうのです。

こうすることで、各店の経営力は高まります。「本部がやってくれる」という意識から、「自分のお店の売上は、自分たちの力で上げる」という意識へと一変するのです。

事例 CASE

1年で2266枚のお礼状が戻ってきたとんかつ店

郊外型とんかつ店の成功例です。こちらのとんかつ店は渋めの店長と女将さん、明るく元気で前向きな3人のスタッフが主力になって運営されています。このお店では1年間で2266枚のお礼状の戻りがあり、3778名の再来店客を生み出しました。お礼状の送付が年間で7000枚超でしたので、反応率は30%を超え、金額にして約540万円の売上増につながりました。

もともと、このお店の平均売上は月400万円台後半でした。その頃は、「がんばって、月平均で600万円くらいにはもっていこう!」と話していたのですが、気がついたらこれを突破していたのです。

過去に遡って調べてみたところ、お礼状を書き始めてから売上はジワジワと伸び、毎月、前年同月比で105~120%の伸びを示し続けていました。ジワジワと伸びることが、現場にも負担がかからず理想ですが、それを実現できたのは、お礼状を書き続けたおかげだったのです。

このとんかつ店が送付したお礼状は、前述のとおり年に約7000枚。これだけの数のお礼状を送ることができたのは、それだけアンケート活動を継続してがんばったからです。アンケートについては、1年間で1万570枚を取得していました。月平均で881枚、1日約30枚の計算です。

もちろんアンケートには、お客さまからの声や評価が書かれています。この情報をもとに店長をはじめスタッフは改善すべき点を修正し、連絡先が書かれていたアンケートには1枚1枚、手書きのメッセージを添えました。

こうして得た売上はまさに質のよい売上です。なお、このとんかつ店では、次のようなチラシを配布し、さらなるお店の認知度のアップ、再来店の喚起へとつなげています。

6章

集客につながるネットツール活用方法

1

必要性が急拡大！飲食店におけるネット集客

日本の総人口に迫るグルメサイトの利用者数

これまで、費用をあまりかけずに、現場で行なう販促についてお話ししてきましたが、今の時代に無視できないのがインターネットを活用した集客手法です。インターネットでの集客は、前述してきた手法とは違い、日本の全国民および世界中の人々を対象とした巨大な集客サービスですが、闇雲に利用したところで、お客さまが増えるというわけではありません。

本章では、自店に合ったネット集客のノウハウをお伝えしていきます。

まずは、日本の総人口と、利用者数が最も多いグルメサイト「食べログ」を例にして比べてみましょう。「食べログ」の掲載レストラン数は89万件を超え、その掲載レストランに対する口コミ投稿数は約３３００万件。アクセス状況は、月間総ＰＶ（ページビュー。特定のページが開かれた回数）が19億８５８３万ＰＶ（２０１９年11月時点）。月間利用者数は1億８１０万人という巨大なグルメサイトです。

日本の総人口は1億２６０２万人（２０２０年1月、総務省調べ）ですから、「食べログ」という一グルメサイトの利用者数が、日本の総人口に迫るという現実を表わしています。つまり、日本中の人々が「食べログ」や「ぐるなび」をはじめとするグルメサイトを通じて飲食店を探している、ということです。

今や、飲食店はネット集客を無視することはできません。インターネットに詳しくないから、炎上したら怖いから、などといった理由で、ネット集客に取り組まないのは大きな機会損失を招きます。これからの飲食店にとって、ネット集客と真剣に向き合うことの重要性が増しているのです。

SNSを活用した集客を図るには、ブランディングが大切

グルメサイト以外のネット集客を考える際には、LINEやフェイスブック、インスタグラムなどのSNSを活用した集客を考える飲食店は多いでしょう。その際に絶対に押さえておかなければならないことは「ブランディング」という視点です。

ブランディングとは自分のお店の想いや特長を発信して、その独自の世界観に共感してくれるファンを増やす活動です。

SNSは〝友だち〟を通じて情報が拡散する、いわゆる「伝わる力」が強力なので、間違ったイメージが伝わると命取りになります。

しかし、正しく活用できれば、熱烈なファンと強くつながる可能性を秘めています。自分のお店は、他のお店とは違うどんな価値を、どんなお客さまに提供して喜んでもらいたいのかを考え、そのうえで、写真や文章の投稿を通じてメッセージを届け、自店に来店いただけるようにすることが大切なのです。

2 インターネットは難しくない！正しいネット集客の基礎を覚えよう

まず自分で自分のお店を探してみることが大切

どのようなツールでネット集客すべきか。その基本中の基本として、まず自分のお店をネットで検索してみましょう。いわゆる「**エゴサーチ**」ですね。

インターネット上で自分のお店を検索する手段として代表的なものが、グーグル検索とヤフー検索です。ただし、今ではヤフーの検索エンジンもグーグルを利用していますので、まずはグーグルでエゴサーチをしてみればよいでしょう。

お店のウェブページがあり、日々そのページをスタッフが更新しているといっても、それが必ず検索結果の上位にくるとは限りません。お店のウェブページがない場合は、知らないお客さまのブログで紹介されている投稿が検索の上位に出てくるケースもあるでしょう。それもよい評価だけではなく、酷評・クレームが出てくるケースもあります。

そうしたエゴサーチの結果には一喜一憂するものですが、それよりも大切なことがあります。それはエゴサーチの「方法」と「サーチ結果への対応」を押さえておくことです。

「どのような行動をとったか」と「お店をどのように表示させたいのか」

エゴサーチの「方法」とは、お客さまが「**どのような行動をとって、あなたのお店を検索したのか**」を知ることです。スマホから探したのか、パソコンから探したのか、どのような検索ワードで探したのか……、それらによって、検索上位に何が上がってくるのかも変わってきます。それは一概にはいえないことなので、最低でも「どのような行動をとったのか」ということはしっかり押さえておきましょう。

そして、「探した結果、すぐに見つかったのか、見つけられなかったのか」、さらに「見つけた情報は正しかったのか」といったことの確認も忘れずに。エゴサーチでお店の口コミがどのように表現されているか、といったことを知るのも大切です。

エゴサーチはネット上で自分のお店を自分で探すためのとても素朴な手法ですが、その

「方法」は他の多くの人があなたのお店を検索する手法の1つでもあるのです。その方法をしっかり踏まえておかなければ、自分のお店がネット上でどう表現されているか、さらにどう表現されたいかも見えてきません。

お客さまが「どのような行動をとったか」が確認できれば、**「お店をどうしたいのか」**といったことも、おぼろげながら見えてくるはずです。「一見さんの来客数を増やして、賑わいのあるお店にしたい」「リピーターを増やして、落ち着きのあるお店にしたい」「予約の数を増やして、安定的なお店にしたい」など、きっとお店それぞれの思いがあるでしょう。

エゴサーチによって「どのような行動をとったか」を確認し、「お店をどうしたいのか」を見極めていくことで、自分のお店のあるべき姿が見えてきます。

まだウェブページをつくっていないというお店でも、結局、お客さまはネットであなたのお店を探しています。だからこそ、その姿をネット上で確認していくことが、ネット集客に取り組むために、まず必要なことなのです。

お店のウェブページがある場合、情報の確認と整備だけはやっておく

すべてのネット集客に共通していえる留意点は、まずお店のウェブページがある場合、**自分のお店を検索して上位に出てくる情報をきちんと整備しておくこと**。どのようなサイトでも、常時、正しい情報を更新できる環境を整えておくことが必要です。契約した担当者に任せたままで、担当者が変わってしまって以来、更新をするためのページへアクセスする方法がわからない、更新用のＩＤパスワードを忘れてしまった、などの理由で、実際のお店の情報とグルメサイトの情報が間違ったまま掲載を放置している飲食店があまりにも多く存在しています。

どんな写真が使われているか、どんな口コミが寄せられているか、表示されている情報に間違いはないか、定期的に確認しましょう。自己評価は自己満足にすぎず、評価は他者評価で成り立っているくらいの覚悟で、ネット上の自分のお店の情報を確認し、整備をしていくことが大切です。私も以前、クライアントから「食べログの点数を下げられた！」といった内容で相談されたことがありました。しかし、食べログ側はお店の評価を下げた

りはしません。お店に口コミを書いているユーザーの影響度を調整しているだけです。

食べログではページの点数・ランキングについて明記されていますが、食べログの点数は単純平均ではありません。各評価がお店の点数に与える影響度は、実は、口コミをしたユーザーによって異なります。基本的には食べ歩きの経験が豊富な人の影響を大きくするという考え方のもと設計されており、ある程度食べログで投稿を繰り返しているユーザーについて、さまざまな要素をもとに影響度を設定しています。たとえば、初めて投稿したユーザーの評価は点数にはまったく反映されませんが、影響度の高いユーザーの評価は点数に大きく反映される、といった具合です。

また、ユーザーの声を反映させる指標として、影響度を持つユーザーからの高い評価がより多く集まることで点数が上がる仕組みになっています。仮に同じ影響度の場合、5点の評価が2件しかないお店よりも、5点の評価が100件集まっているお店のほうが高い点数になる、というわけです。点数が下がる場合も同じです。

「食べログ」を批判する声もありますが、インターネット上に掲載された情報と実際の自分のお店のギャップを埋めて、QSCを徹底的に追求すれば、自然と正しい評価をされるようになり、来店されるお客さまの満足度も向上していくことに違いはありません。

3 本質をつかめば自店の答えが見えてくる

Google（グーグル）はお客さまがあなたのお店を見つけてくれる全能のツール

ここで検索エンジンの全貌を語ることはできませんが、グーグルは日本・世界を代表する検索エンジンの1つ。そのグーグルが何を考えて企業活動を行なっているのかを理解することで、検索順位を高めることができます。なぜならグーグルは、正しい情報を頻繁に更新してくれるお店や、世の中から必要とされているお店を優先的に検索しやすくしているからです。ネット上の情報に無関心で放置されたお店の情報は、その他の多くの情報の中に埋もれてしまうでしょう。

グーグルは検索エンジンのほか、皆さんも一度は利用したことがあるであろうグーグルマップをはじめ、お客さまをネット上から実際のお店に誘導してくれるツールを幅広く備えています。また、次項に見るように、お店の集客ツールとしても欠かせないものであり、全能のツールといっていいものです。ただし、そのツールが本当に集客効果を発揮するには、他のネット上での販促のほか、雑誌やチラシなど他媒体の販促などとあわせて、複合的に働きかけることも重要です。

お客さまが初めての来店を決めるときも、お店のことを思い出して再来店するときも、大人数での食事会を開くときのお店探しでも、旅行先で「いいお店はないかな?」と探してみるときも、1つのグルメサイトだけで確認するとは限りません。いくつかのグルメサイトを見たり、雑誌に掲載されていたお店の記事を思い出したり、配られたチラシを見て、ネットで検索してみて、「このお店に行ってみよう」と決めるのです。

ネット集客を飲食店側が考えるとき、えてしてお客さまの初来店の際に検索ワードを使って店探しをするイメージで、それにどう対応しようかと考える向きもあります。ですが、新規客だけでお店が成り立っているわけではありません。そこで、自分のお店の販促の核となるものを決め、そこから他の媒体にも継続して展開していくような対応が求められます。

ネット上のお店を放置しておいてもいいの？

ネット集客を検討するようになると、ネットにおける飲食店の本質の1つが見えてきます。それは、「**ネット上にも自分のお店が存在する**」ということです。そのお店の商品（料理）や内観・外観などのさまざまな写真、投稿いただいたコメントなどを放置しておいていいのか、ということに気づくはず。ネット上のお店のＱＳＣにも十分な配慮をすべきではないのか、ということです。

写真や口コミに関して、お礼もいわなければお詫びもせず、そのまま放置しておくのは、自分のリアルなお店のＱＳＣを放ったらかしにしているようなもの。それは、とても残念なことです。ネット上の自分のお店のＱＳＣにも留意し、正確な情報を提供することも重要かつ最低限のサービスです。

特に留意しておきたい情報の1つに営業時間があります。ネット上のお店を放置したままだと、営業時間が変わっていることも頻繁にあります。

特に、年末年始やお盆時期、ゴールデンウィーク、臨時休業の場合などの営業時間をネット上に公開していないお店が多いものです。それが原因で、お客さまがせっかく来店しても営業していない……ということになれば、「この店には二度と来ない！」といった問題も発生してしまいます。

また、次項で紹介するグルメサイトには、有料プランに加入することで、自分のお店の魅力を正確に伝えるために必要な情報、特に料理の写真を大きく表示させたりしてお店の魅力をダイレクトに伝える機能や、お店の特徴をわかりやすく表示する機能、お店への口コミに対して返信できる機能などを利用することもできます。少なくとも、前述したエゴサーチを重ねて、お店として何をすべきなのか、その本質にたどりついて対処すべきことにはきちんと対処するようにしていきたいものです。

自分のため、お店のためではなく、お客さまのために取り組む

忘れてはならない本質の1つとして、「集客・販促のネット上の展開は、**自分や自分のお店のためというより、お客さまのために行なう**」という姿勢が大切です。自分のお店のウェブページの制作もブログの更新も、自分や自分のお店のためではなく、お客さまのた

めに行なうということ。この視点を忘れてはなりません。

あなたのお店を探しているのは、あなたのお店を必要としているお客さまです。そのお客さまがインターネットで探しやすいように、お店の情報を偽りなく、正しく公開することが、お客さまからの安心と信用を得る最も簡単な方法なのです。

4 それぞれのツールの特徴を理解しよう

ツールによって、特徴・役割が異なる

では、それぞれのツールの特徴を見ていきましょう。「①検索エンジン系」のほか、「②ホームページとブログ」「③有料集客サイト」「④SNSツール」「⑤ウェブ予約ツール」の5つに分類し、次ページ以降に一覧表にしてみました。

このうち、検索エンジン系はネットで検索するユーザーにとって、最も近い窓口になるサービスです。特に「グーグルビジネスプロフィール」はグーグル検索でお店の名前を入力すると最上位に表示されるツールですので、これからの飲食店にとって必須といえます。また、SNSツールは有料集客サイトとは異なり、フォロワーや「いいね」などお店との接点があるユーザーを中心に集客ができます。そのため、新規顧客を増やすというよ

③有料集客サイト	食べログ	国内最大の掲載店舗数と口コミ数を誇り、月間利用者数約1億810万人で全国的にも利用者が多い集客サイト。コメントは総じて食のトレンドに敏感なインフルエンサー層がメイン。世帯年収は700万円以上が30%程度。比較的裕福で、食に惜しみなく消費するユーザーが多い傾向にあり、職業別では主婦や会社員が多く、年齢構成は30歳以上が80%以上と、利用者の年齢層が高めである。 掲載店舗側の有料プランはネット予約機能、アクセスアップ機能、表現力アップ機能があり、プレミアムプラン以上だとホームページの更新代行などサポートサービスがついている。
	ぐるなび	飲食店のネット販促におけるパイオニアで、外食関連企業への知名度も抜群。スーパーらくらく幹事さんなど幹事支援機能を用意し、歓送迎会をはじめとした大規模の宴会など幹事が選びやすい機能が豊富。忘年会予約など幹事が仕切るタイプの宴会予約で特に威力を発揮し、団体予約が比較的多い。 海外に強い口コミサイト「トリップアドバイザー」との連携など、インバウンド対策に最も力を入れている。 正会員は年間のプランに特集などを組み合わせ、「ぐるなび」内で上位に表示される。更新代行プランや予約受付代行サービスによって、人手不足に悩む飲食店の店舗運営を支援するほか、「ぐるなび」台帳による音声ガイダンス予約受付サービスもある。Instagramのビジネスプロフィールからネット予約できたり、Googleで予約したりなど、新サービスの対応によって今後の高い効果を期待できる。
	ホットペッパーグルメ	インターネット予約可能店舗数ナンバー1の集客サイト。ウェブ予約の1名あたりの成果報酬額が、「食べログ」や「ぐるなび」より安い。普及サービス国内ナンバー1のクラウド型レジシステム「Airレジ」との相性はいちばんでネット予約と連動する。 都市部以外の地方での利用者数が多く、クーポンやポイント還元ありきのユーザー層が多く来店するため、一時的な集客にはなるものの継続性の高いリピーターになる可能性は低いのが難点。

図17 ネット集客のツールと特徴

①検索エンジン系	Google ビジネスプロフィール	店名で検索した場合、Google の検索結果上のいちばん上に表示されるお店の情報なので、写真や営業時間のほか臨時休業など、多くの情報を顧客に伝えることができる。 Google アカウント（無料）さえあれば利用できるため、真っ先に登録、管理しておきたいサービス。
	Google マップ	Google ストリートビューやお店までの経路をナビゲーションしてくれる機能を中心に、飲食店の集客になくてはならないサービス。 GPS 搭載のスマホの普及により、お店を探している人の現在地を中心に、近いお店を地図上で表示。Google ビジネスプロフィールの登録情報が反映されるため、エリア×業態で、お店の場所や情報を知らせてくれる。
	Google 広告	Google に広告料を支払い、広告としてお店の検索順位を上げることができる。
	Yahoo!	かつてナンバー1に君臨していた検索サービス。日本では Google と利用者数は同じくらいだが、検索エンジンは Google の情報を利用している。 店舗情報は「Yahoo! ロコ」という Yahoo! 独自のサービスを利用し、情報の提供先は、「ぐるなび」や「Retty」などから抽出したものが表示される。
②ホームページとブログ	独自ドメイン＋Wordpress	お店をブランディングするうえで、最も重要なサービスである。10年前と違いドメイン名（店舗名.com）などの料金は10分の1以下になっており、より導入しやすい状況が整っている。 また、近年ではWordpressのようなCMSを利用することで、ブログのような感覚でホームページを更新することができる。
	アメブロ	国内ナンバー1ブログサイト。始めやすさ、更新のしやすさ、利用者数の多さが特徴。 投稿配信がしやすく、ホームページ代わりに利用する飲食店もたくさんある。

図17 ネット集客のツールと特徴

③有料集客サイト	ヒトサラ	紹介店舗数は約8,000店舗だが、他のメディアに比べ掲載されている料理人の数は1万1,000人を超え、「料理人の顔が見えるグルメメディア」として地位を築いている。 評価の高い人気店とプロカメラマンとライターによる取材で、クオリティの高い店舗紹介ページを作成してもらえる。 有名料理人のいるお店は、「食べログ」や「Retty」などとセットで利用することで、より高い販促効果を出すことができる。
	Retty	「食べログ」が匿名型の口コミサービスであるのに対し、「Retty」は実名型の口コミサービスで、信頼できる友人知人からお店を探すことができる。
④SNSツール	Facebook	国内利用者数 2,800万人、シニア層が中心のコミュニケーションツール。Facebook ページに「いいね」をしてもらい、Facebook 利用者にお店の情報を基本無料で配信することができる。投稿や「いいね」への誘導数を多く稼いだり、年齢や性別、住んでいる地域や趣味嗜好などにより表示する機会を増やしたりできる Facebook 広告は有料。
	LINE 公式アカウント	コミュニケーションツールナンバー1の「LINE 公式アカウント」は月間アクティブユーザー数が約7,600万人、シニア層の利用者数もナンバー1。お店に「お友達登録」をしたユーザーを対象にメッセージ配信を行ない、囲い込みも可能。
	Twitter	国内の月間利用者数 4,500万人。若者層を中心に匿名性で気軽に情報を配信できることから利用者数も多い。
	Instagram	国内の月間利用者数 2,000万人。ネット予約にも直結できるビジネスアカウントも利用可能となり、料理写真を見てお店に足を運ぶという新たな集客方法で話題の SNS。
⑤WEB予約ツール	トレタ	利用者数、継続率ナンバー1の飲食店専門予約管理ツール。タブレットで簡単に予約を管理。バージョンアップが早い。24時間365日対応のサポートセンターを完備。
	テーブルソリューション	業界初のノーショー対策のクレジットカード機能「キャンセルプロテクション」に早くから対応しているサービス。電話自動応答機能で予約とりこぼしを防止。

り、来店客を囲い込む意味合いが強く、ハッシュタグ（＃）の利用により、共通の関心事での集客も可能です。

外食アプリで変わる最新の集客事情

最近では、アプリによる集客も増えてきています。お客さまが肌身離さず持っているスマートフォンに、お店側がダイレクトにアクセスが可能なアプリは、アンケートなどからお客さまの属性や行動を把握することができ、それらに応じた即効性のあるクーポンや情報を配信して、即来客につなげることができる理想のツールです。

アプリからお店のホームページや各種ＳＮＳツールへ飛ばすことなども容易です。また、ＧＰＳを利用し、お店の前を通ったお客さまやお店から半径５００ｍ以内にいる消費者へプッシュ通知できるなどの機能があるほか、開封率はメルマガの０・０１％を大きく引き離して60％と、今までの販促手段の中で最強を誇ります。

会員専用ページへの誘導に始まり、ポイントやスタンプカード機能などを持つアプリサービスも多く、高級業態からラーメン店まで幅広い外食業態に対応できる点も魅力です。

しかしながら、お客さまの中にはまだまだアプリをダウンロードすることに抵抗感があったり、スマホを使いこなせない年配者が多い中、導入のハードルは高いといえますが、今後は飲食店のネット集客も、アプリの導入にシフトしていくことは明らかです。

アプリの開発費用は、数年前は数百万円から数億円かかるといわれていましたが、現在では有料グルメサイトの運営費よりも安い月額1万円から利用できる「app-me（アップミー）」というアプリ作成サービスなどもあります。自店の価値のアップ、お客さまのファン化など可能性を秘めているツールです。

5 お店選びの際の影響力が高まっているインスタグラム

アクティブ率や反応率がダントツのSNSツール

ここで、飲食店のネット集客において注目を集めているインスタグラムの現状を押さえておきましょう。日本の人口カバー率はツイッターが31・5％に対してインスタグラムは12・6％、アクティブ率（全アカウントの中で、1カ月間に1回以上閲覧したり投稿したりする人の割合）はツイッターが70・2％に対してインスタグラムは84・7％、反応率はツイッターが0・03％なのに対してインスタグラムは4・21％です。

ちなみに、ビジネス（企業）アカウント数も上昇し、2018年には前年比200％を超えて3万アカウントを超える勢いです。

また、インスタグラムはフェイスブックの関連会社であるため、インサイトの情報（男女比率、どの時間帯に見ているか、どこのエリアの人か）は、フェイスブックの情報をもとに反映されています。そのため、飲食店のＳＮＳ販促はフェイスブックとインスタグラムを中心とした活動が有効だといえます。

インスタグラムの利用実態から見ると、20～40代の女性の42％が投稿で見た飲食物を購入した経験があるとしており、61・5％が後述するハッシュタグ（＃）検索を利用していると回答しています。

世の中の情報の〝集められ方〟も変化してきました。従来なら企業側の広告宣伝・チラシからネット広告での検索のほか、ネットのオーガニック検索（自然検索。ユーザーが検索キーワードを入力して表示された広告以外のページによる検索）、口コミサイトや「食べログ」などのサイト経由、またＳＮＳによる友人からの情報などが一般的でしたが、これらに加えてハッシュタグ検索が増えてきたのです。

インスタグラムの投稿と集客は、飲食店との相性がよい

「インスタ映え」という言葉が２０１７年の流行語大賞に選ばれ、お店選びにおいてイン

スタグラムの影響力が高まっています。インスタグラムは写真や動画で料理やお店の様子を伝え、来店欲求をうまく刺激できることから、飲食店の集客と非常に相性がよいのです。したがって、インスタグラムをたくさんあるネット集客の手法の一つと捉えるのではなく、強力なツールとして捉える必要があります。

お店側も「**食アカ**」をマークすることをおすすめします。「食アカ」とは料理や飲食店に関する投稿をしているSNSアカウントのこと。このアカウントを参考に飲食店を選ぶ人も増えてきているようです。

「食アカ」の投稿で「いいね」を多く集めている写真を参考にする、「食アカ」にフォローをしかけてフォローバックをとり、関係性を築いて来店を促し、自店の料理を投稿してもらう、など活用法はさまざまです。

個人アカウントではなく、ビジネスアカウントで

また、インスタグラムは個人アカウントではなく、ビジネスアカウントで登録することをおすすめします。地図の表示やウェブ予約の組み込み、お店のウェブページへの誘導な

図18 ビジネスアカウント（プロフィール）で行なうことができるフォロワー分析

1 過去1週間のデータ	■フォロワーの増加数 ■インプレッション：全投稿の表示回数 ■リーチ：投稿を見たユーザー数 ■プロフィールビュー：プロフィールの閲覧回数 ■ウェブサイトクリック：URLのクリック回数
2 トータルデータ	■男女比 ■年齢層 ■フォロワーの所在地 ■フォロワーのアクティブな時間帯 ■投稿やストーリーの閲覧数

どに関しても、アカウントに応じてできることが異なるので、これは必須といえます。ビジネスプロフィールでは、図19のようなフォロワー分析が行なえます。

さらに、フォロワーの分析ツールであるビジネスインサイトの機能を活用すれば、フォロワーに関する情報のほか、フォロワーがインスタグラムを使っている時間帯、投稿別の「いいね」の件数なども分析できます。それは、どんな投稿がフォロワーの心をつかむのか、フォロワーのニーズを把握する材料になります。飲食店ではそのニーズを活かし、人気メニューの分析や新メニューの開発に役立てることもできます。

インスタグラムを使って売上をアップさせる方法

インスタグラムの大きな役割の一つに、「**ネットを通じたお客さまとの関係強化**」があります。

そこで第一にすべきは「ペルソナ」の設定です。「どのような人に、どんな価値を提供するのか」、想定するお客さま層を決めていきます。性別、年齢、居住地、職業といった属性、どんな価値観を持っているか、といったところまで、自店の想いに共感してファンになってくれそうなお客さまの人物像として描き切るのです。

そうして具体的に描いたペルソナを意識して、投稿をしていきます。

お店の集客効果につながる投稿は、次のように4種に分類できます。

①店舗からの投稿

②ユーザーからの投稿

③店舗からの広告投稿
④インフルエンサー投稿

そのうち、①店舗からの投稿についてのメリットは次のようなものです。

- ●売り手だからこそ伝えることができる情報に絞ることができる
- ●ブランド設計をして、イメージを意図的、計画的に伝えることができる
- ●お店だから知り得る情報を伝えることができる
- ●お店やスタッフの雰囲気を感じさせることができる
- ●特典などの情報を特定のお客さまに伝えることができる
- ●オーナーや店長の人となりを感じさせることができる

人間は理屈と感情で動くものですが、その感情は、共感、ストーリー、理念、意外性、メリット、限定性といったものが引き金になります。その部分に訴求した投稿を心がけましょう。

お店からの投稿は、自分のお店の想いや特長を意図してしっかり伝え、お客さまの共感を引き出す内容にしなければなりません。それは、豊富なアルコール類かもしれません。

ていねいに肉を手切りしているのがウリならば、その動画を投稿してもいいでしょう。お店の内観やスタッフが明るく元気に働く姿が独自の世界観をつくっているのなら、それらの写真も投稿したいものです。

ハッシュタグの活かし方

インスタグラムで最も重要なノウハウの一つに「ハッシュタグ」の活用があります。お客さまに検索してもらいやすい「**見つけてもらう用ハッシュタグ**」を意識しましょう。

インスタグラムのハッシュタグは1投稿で30個までつけられます。ですから、お店側としては、「30個まで確実につけておく」と仕事として決めてもいいでしょう。30個も思いつかない場合は、25個は決まったハッシュタグをつけ、残りの5個で創意工夫するという対応もあります。

飲食店にふさわしいハッシュタグの代表例は、次のとおりです。

①お店の名称にちなんだオリジナルハッシュタグ

②「#トマト」「#ラクレットチーズ」などのように料理に使われている食材のハッシュタグ

③店舗の所在地や地名のハッシュタグ

たとえば、「おすすめ」「地名」など、他のユーザーもよく使っているハッシュタグは、拡散もされやすいですが、他の投稿に埋もれてしまいやすいものです。「#渋谷カフェ」「#お洒落ランチ」などの拡散用ハッシュタグ、「店舗名+メニュー」「地名+店舗名」などのオリジナルハッシュタグ、「#○○○な人とつながりたい」「#○○○部」「#○○○記録」「#○○○女子」といったコミュニティ用ハッシュタグなどをうまく組み合わせてみてください。

なお、ハッシュタグでのエゴサーチも、集客のヒントになります。自店のハッシュタグ(#店名)で検索し、どのような投稿が行なわれているかを定期的に確認することは、お店づくりや情報発信の参考になるはずです。

フォロワーを増やすには、まずフォローバックを狙う

インスタグラムでお店のフォロワーを増やすには、

①フォローをしかけてフォローバックを狙う

②接客やチラシ、店内ポスターなどリアルな接点からフォロワーになってもらう

③ハッシュタグから見つけてもらう

④インフルエンサーからの誘導

といった方法があります。いずれも、地道に進めていくべきことです。その中で、ペルソナに近いフォロワーを増やしていくことが大切です。

フォローをしかけてフォローバックを狙う方法では、来店の可能性の高いエリアのハッシュタグや位置情報をつけている人、自店と同じ業態のハッシュタグをつけている人にフォローをしかけます。たとえば、自店が渋谷にあるなら「渋谷」といった位置情報やハッシュタグをつけている人、自店がラーメン業態なら「ラーメン」のハッシュタグをつけている人をフォローして、「フォローバック」を狙います。

また、店内に「インスタ始めました！」といったQRコードつきのPOPを貼るのはフォロワーを増やすための基本です。さらに、特典をつけて来店されたお客さまに投稿をうながす方法や特定のハッシュタグを使った（ハッシュタグ検索で集まったコミュニティを活かした）イベントを実施する方法もあります。やり方は多種多様です。お店が描いたペルソナに合致した店内ハッシュタグイベントを実施するのもよいでしょう。

お店側としては、投稿の役割分担、投稿写真の承認者、投稿スケジュール、コメントへの返信などのルールを決めて、計画的に運営していってください。

6 無料でここまでできる！有料集客サイトの活用方法

アクセス状況を確認・分析する

本書ではなるべくコストをかけずに集客を行なう方法をお伝えしてきましたが、グルメサイトの活用は、認知人口を上げるうえでも避けられません。有料集客サイトの活用方法を2つのサイト例を引きながら見ていきましょう。

グルメサイト掲載飲食店の件数と有料プランの利用件数を比べると、全体の4分の3くらいの飲食店は無料で活用できる範囲で、グルメサイトを通じた集客を行なっている実態があります。本気の集客において、この方法が正しいかは即断できませんが、「まずは利用してみよう」と考えている飲食店にとって、無料の〝お試し〟での活用は検討に値します。

いくつかの飲食サイトでは、お店にアクセスいただいた人のアクセス分析なども無料でできます。

❶「ぐるなび」のスタートプランで、アクセスデータを確認

「ぐるなび」のスタートプランの場合は、店舗情報を掲載すれば、基本情報である写真、地図、営業時間などが登録できるとともに、「ぐるなび」からの検索結果に表示されます。また、お店の外観の写真や料理、お店からのPRをリアルタイムで更新でき、ページへのアクセスデータも確認することができます。情報更新と解析が可能になるのです。

そのほか、無料なのにもかかわらず「レストランメール」というメルマガシステムや、予約が入りしだい課金されるウェブ予約機能もスタートプランで利用でき、さらに「ぐるなび」が独自に行なっている一部のマーケティングレポートなどを見ることもできます。

❷「食べログ」の店舗準会員もアクセス状況が確認できる

「食べログ」では、プロフィール登録によって、メニューや写真などの各項目を店舗用の管理画面で自由に設定・登録・修正できます。また、管理画面でアクセス状況を確認することもできます。

そのほか、「ホットペッパーグルメ」では「Alike.jp（アライク）」の無料会員として登録すれば、お店の情報が自動・無料で掲載されます。なお、アライクとは「来店したお店や気になったお店をクリップして友だちと共有するソーシャルスクラップブック」のことを指します。

実名口コミ検索サイト「Retty（レッティ）」も、お店のページを無料で登録することができますので、認知人口を上げるためにも登録をおすすめします。

7 有料のネット掲載で押さえておきたい注意点

有料サイトの選定を間違えない

グルメサイトは、お店としては本来、有料で掲載して集客に活用するものですが、どのサイトを選ぶか、どういう載せ方をするかなど押さえておきたいポイントはたくさんあります。そのポイントについて、飲食店のネット販促の歴史をつくってきた大手3サイト（食べログ・ぐるなび・ホットペッパーグルメ）と、新興2サイト（Retty・ヒトサラ）、1サービス（Favy）を例に引きながら見ていきましょう。

なお、有料サイトの選定を間違えると、費用対効果が非常に低くなってしまうこともあります。このことは、どのサイトであっても共通する留意点です。

呼びたいお客さまをイメージして利用するサービスを選別

「ぐるなび」は団体客や外国人客の予約の確保に有効です。席数が多いお店であれば、「食べログ」だけでなく、「ぐるなび」を同時に活用する方法もあるでしょう。「ホットペッパーグルメ」は安さをウリにしたクーポン利用のお客さまの確保に有効。「食べログ」と「Retty」と「ヒトサラ」は、食に対する関心の高いお客さまへのアプローチに有効です。

特に「食べログ」は、無料プランでも、グーグル検索時のSEOに強く、露出も高くなるので、最終的に「本当にこのお店で大丈夫だろうか」という確認の意味で、他人の意見である「クチコミ」を読んで安心するために利用されることも多いのが特徴です。そのため、無料プランでもかまわないので最低限の登録を行ない、正しい情報を更新することをおすすめします。

「Favy」は販促メディアというよりは、グルメ雑誌と理解すべきサイトです。ライターが記事を書いて、お店に誘導するスタイルをとっています。他のメディアが業態とエリアで条件を絞って集客を行なうのに対し、「Favy」はお客さまがダイレクトにお店の紹介を読んで検索してくるので、ピンポイントに店名で検索される場合が多くなります。

たとえば、昨今は特にイベントなどをせず、さりげなくオープンする〝サイレントオープン〟するお店も増えてきましたが、オープン直後のお店であれば、大々的な告知が必要なケースも多いものです。その場合は、他のメディアとともに「Favy」を利用して、リンク先を各媒体やお店のウェブページに飛ばしてもらうなどの利用方法も有効です。

少しでもおトクに外食したいと思う人が集まるようなエリアや地域では、クーポン目当てで検索する人や予約する人に大きなポイント還元をする「ホットペッパーグルメ」も有効です。有名なお店や星付きレストランで働いたことのあるシェフがお店で腕をふるうお店なら、「ヒトサラ」も要検討です。

自店の特徴に合ったサービスを組み合わせて利用することで、相乗効果が期待できます。呼びたいお客さまをイメージして、利用するサービスを選別しましょう。

費用対効果を見極める

ネット集客などの販促費用については、**その投資に対し、10倍以上の売上をめざせるサービスを利用することが基本**です。これは売上に対する販促費率を10％以内に収めることで、利益を出せるお店をつくることができるからです。

逆にいうと、販促費として月に50万円かけて、５００万円を売り上げることができないのであれば、それは媒体などの選択ミスと考えることができます。

しかしながら、ウェブ予約やコール数予約の実数だけでは、この費用対効果は見極められません。実際に来店していなくても、アクセス数＝認知人口となりますので、まずはお店のページへのアクセス数が大切なのです。また、「テレビの情報番組に取り上げられた」といったことも広告の効果ということができ、その場合は、テレビ取材に対応した時間や人件費を、広告費用として見るという考え方もできます。

同様に他のウェブメディアからのアクセス数も重要ですが、費用対効果を数字で見極められるものではありません。ネット集客において実際に予約が入る動線は一つですが、その予約が入るきっかけをつくるのは、さまざまなウェブページです。それらを経由して予約が入ってくる確率が高いので、そのようなことも加味して費用対効果を考えてみるしか方法はないといえるかもしれません。

ただし、お店がかけているネット集客関連コストの最適な負担方法の選択に関しては、コスト比較ができます。店長やスタッフが更新作業やサイトとの打ち合わせにかかる作業を1カ月分で合計して、かかった時間×時給で計算し、他社・代行業者に依頼するより自前で対応したほうが安く上がれば、お店で運用することを検討してもよいでしょう。

単純に計算して、時給1500円のスタッフが、お店のウェブページやブログの更新を1日平均2時間・月10日で対応していたとします。すると、販促費は月3万円はかかることになります。それなら、グルメサイトの更新代行業者に2万5000円ほどで委託したほうが、費用対効果があるのではないか、といった検討です。

「有料プラン？　そんな予算ないよ」

という経営者や店長も多いのですが、一方で、無駄な販促費をかけてしまっていることも多いもの。販促に関しては、この費用対効果をしっかり確認しておきたいものです。

お店での運用のしやすさを比較する

更新するページの扱いやすさは、「食べログ」が一番です。更新する項目が絞られていて、運用上最もわかりやすい構成になっています。写真もドラッグ＆ドロップで更新でき、直感で更新ができるのも運用のしやすさにつながっています。

一方、「ぐるなび」は登録管理する項目が非常に多く、飲食店側が直接更新するにはハードルが高めです。その代わり、「ぐるなび」は他媒体も含めた更新を代行するサービスなどもありますので、担当の営業マンに相談するとよいでしょう。「ホットペッパーグルメ」も同様に管理項目が多いので、自社での変更・更新はハードルが高いでしょう。このように更新が大変な場合は、更新代行サービスを行なっている会社に依頼したほうが、結果的に安く運用することができます。

なお、更新のしやすさだけでなく、有料サービスでは各社、集客に関する情報提供などの付加サービスもありますので、どのサイトが運用しやすいか、全体を見て検討することをおすすめします。

8 ウェブ予約ツールと顧客台帳活用の重要性と連動が必要なワケ

電話予約は、お店にとって大きな機会損失

ウェブ予約がまだなかった時代、お客さまは電話で予約を入れていました。まず、お店の電話番号を調べて電話して、すぐにつながればよいのですがつながらないことも多く、結局、他のお店に予約を入れるということもたびたびありました。お店のほうも、忙しくて電話に出られず、予約を取り損なって機会損失になってしまうことも……。

電話予約が主流であった時代のお客さまの労力負担、またお店側の対応に要するコスト負担を考えると、びっくりするようなロスが発生していました。単純計算で、宴会の予約が電話で入り、その内容を詳しく確認し、それを台帳に記入し、人数変更があれば対応する……ということに30分ほどかかっていたとすると、宴会予約担当スタッフの時給の半額

が予約で割かれていたことになります。

その点、グルメサイトなどを通じたウェブ予約では、24時間、1年中対応しているケースも多く、お店にとっては機会損失が格段に減少しました（お客さまが他店との比較検討をするケースは増えてきましたが……）。ウェブ予約の対応をしているお店のホンネをいえば、営業時間中に電話は鳴らないほうがよい、と思っているくらいのはずです。

このウェブ予約は、ネット上に組み込まれたシステムがあってこそできるもの。「トレタ」や「テーブルソリューション」などのウェブ予約システムは、お店側の顧客台帳にも連動し、複数のグルメサイトからの予約が一元管理できるようにもなっています。

予約で埋まる飲食店として固定客の多い高級店があります。ところが、その中にはいまだにウェブ予約に対応していないところがあるのも事実。簡単には予約できないところに人気のある高級店として、存在意義を感じているのかもしれません。

しかし、そんなお店こそウェブ予約を導入し、それと顧客台帳を連動させ、〝水も漏らさぬ〟お客さまの管理を実現すべきではないでしょうか。予約しやすい環境を整えることのほうが、お客さまの目線に立った対応なのですから。

ノートや紙の予約台帳で管理している場合に起こる「あるある」

ありがちな話ですが、ノートや紙の予約台帳で顧客管理をしている場合、次ページのようなトラブルが発生することがあります。

台帳をクラウドで一元管理すれば、これらの〝あるある〟はほぼ解決できます。しかも、いまは各種のグルメサイトや市販ソフト（アプリ）などでも、ウェブ上での予約管理と顧客台帳が連動したものがあります。これらを活用すれば、ノートや紙の予約台帳で管理していた状況で発生するトラブルを回避できます。それぞれのお店が予約・予約管理・お客さま管理に腐心していますが、結局はウェブ予約を受けつけ、その予約の管理を顧客台帳に反映させたほうがいい。それ以外の方法はないといってもいいくらいです。

そして、そのシステム上のしくみは、無料・有料に応じて使える機能は異なりますが、グルメサイトなどですべて用意されているのです。紙で利用している顧客台帳を、インターネット上で管理することで、24時間365日の予約の窓口を手に入れることができるのです。

|図19| ノートや紙の予約管理の「あるある」

- 字が汚くて、予約をいただいた名前を間違う
- 訂正や修正でぐちゃぐちゃ、
  どれが正しい予約かわからない
- 当日予約を時間ごとに書き写す業務が
  別途発生する
- 枠不足による記入漏れが発生する
- 来月、再来月の予約の記入漏れが発生する
- 付箋による管理で、付箋を紛失してしまう
- 台帳そのものが劣化し、
  場合によっては紛失してしまう

↓

ウェブ予約で、ほぼ解決!

成功事例を例に挙げてみましょう。料理の鉄人、道場六三郎氏が運営する「懐食みちば」では、「食べログプレミアム10Sプラン」とクラウド型予約管理システム「トレタ」を導入。ウェブ予約データの連動によって、夏季休暇中の3日間で150人の予約を獲得しました。ウェブからの予約データはすべて自動で配席されるしくみです。従来の予約窓口は電話のみのため、休暇中は予約がとれませんでしたが、このシステムの導入で24時間365日の予約対応ができるようになりました。

また、神楽坂で43年営業する、老舗和食店「め乃惣」では、二代目の萩原淳二氏が「食べログ」のプレミアム5プランを導入。サイトへのアクセス数の増加とウェブ予約数の増加で、月商150万円アップを達成しました。

初期費用や運用費はある程度かかりますが、それ以上の予約獲得につながり、安定的な経営が実現できた好事例です。

キャンセルポリシーを厳格に

ウェブ予約の導入に対して不安な方は、キャンセルポリシーをしっかりと設定しておくことです。キャンセルポリシーに記載する内容は、実際にキャンセルが発生したときに、具体的にお金を請求するか否か、その請求額はいくらなのか、それは来店日時の何日前までに発生した場合か、などと厳格に定めるものです。

システム上は予約の時点でクレジットカード決済することができる、「テーブルソリューション」のキャンセルプロテクションのようなサービスもあります。食べログでは、有料プランを対象にネット予約の無断キャンセル保証を開始。「いわゆるドタキャンがあった場合に、1人あたり3000円までを保証会社が補償する」といったシステムを入れることもできます。このようなシステム上の対応も踏まえながら、「ネット上でのお店づくり」に取り組んでいただきたいものです。

なお、少なくとも、予約日の2日前にはリマインダー（予約の通知）を出して予約確定作業を行なうなどの取り組みは、ウェブ予約、電話・FAX予約にかかわらず心がけておきましょう。

9 効果の高い動画の活用と進化し続ける未来のIT×AI集客方法

注目を集めるライブ配信や動画

インスタグラムのライブ配信や動画のほか、お店の雰囲気を伝える「ぐるなび動画」や「Favy動画」など、動画を利用した販促が注目を集めています。

ライブ動画配信が、誰でも簡単にフェイスブックやインスタグラムなどのSNS上で行なえるようになりました。そうしたライブ動画配信は、通常配信される動画よりも3倍以上長く視聴されるというデータがあり、さらに10倍もコメントがつきやすいという調査結果もあります。

飲食店では、お店のブランディングなどに応じて、次の3種の動画を配信すればよいでしょう。

①営業中の店内の様子を配信（お店の雰囲気を伝える）
②調理中の様子や料理の状態を配信（料理のシズル感を伝える）
③メニューの紹介動画をライブ配信（お店のスタッフや調理）

グーグルからも新しい機能が生まれた

グーグルアシスタント（Google Assistant）が人間に変わってお店に予約の電話をしてくれる「Google Duplex」が、２０１８年夏にテストを開始しました。ＡＩによって時代は急激に変化していますが、そのような時代になっても、常に時代の波を取り込んでいけば怖くはありません。何より、継続して毎日活用し、新しいしくみが出てきても、それを使い慣れていくことです。たとえば、ライブ配信や動画のツボを身につけるだけで、ネット上であなたのお店を探している人に有力な情報を提供し続ける飲食店になれるのです。

なお、最近のグルメサイトやアプリの動向に触れておきます。「ぐるなび」は、いち早くグーグルと提携し、「グーグルで予約」から直接即予約をとれるようになり（グーグルマップと連動）、インスタグラムからも同様に予約をとれるようになりました（２０１８

年10月)。

「食べログ」は iPhone などに初期導入されている Apple マップで口コミや点数情報、予約の完了までを完結できるようになるなど、SNSや位置情報との連携を強め、お店の名前を検索→マップで場所を確認→そのままオンライン予約というとても便利な機能を実現しています(2018年11月)。また、グルメアプリ「サラ(SARAH)」は、メニューによる飲食店の検索アプリで、要注目のサービスです。「食べログ」がお店の評価からお店を探すサービスであるのに対し、「サラ」は料理の一品の評価からお店を探すサービスであり、お客様が「今日はハンバーグを食べようかな?」とメニューを思い浮かべたときに、ハンバーグが食べられるお店を探せますので、ユーザーが最もストレートに使えるサービスになる可能性を秘めています。

また、近年は「サケタイム(SAKETIME)」という日本酒に特化した口コミサイトも人気を集めています。飲みたい日本酒を飲める飲食店を探せるサービスを利用することで、日本酒がウリの居酒屋などでは新しい集客の導線を確保できるようになるでしょう。

これらの新サービスはまだまだ未知数な面もありますが、飲食店にとって最も大切な認知人口を増やす効果がありますので、注目しておいて損はないでしょう。

7章

Textbook of the promotion

業態別
集客を実践するときの
傾向と対策

単価×回転のマトリクスで業態を分類する

業態に応じて最適な販促手法・集客戦略を実行する

飲食店といっても色々な業態があります。そこで、飲食店の業態について「客単価」と「回転（客数収容性）」という2つの軸で、次ページのように分類しました。

①高単価&高回転……寿司（グルメ回転寿司）、立ち食いステーキ、うなぎ、とんかつ
②高単価&低回転……居酒屋、焼肉、鍋、和食、イタリアン、フレンチ、食堂（飲み客）
③低単価&高回転……ラーメン、牛丼、ハンバーガー、そば・うどん、食堂、中華、洋食
④低単価&低回転……カフェ、インド料理、アジア料理

それぞれの特徴に見合った集客手法や集客戦略を実行していきましょう。

図20 客単価と回転で、お店を分類する

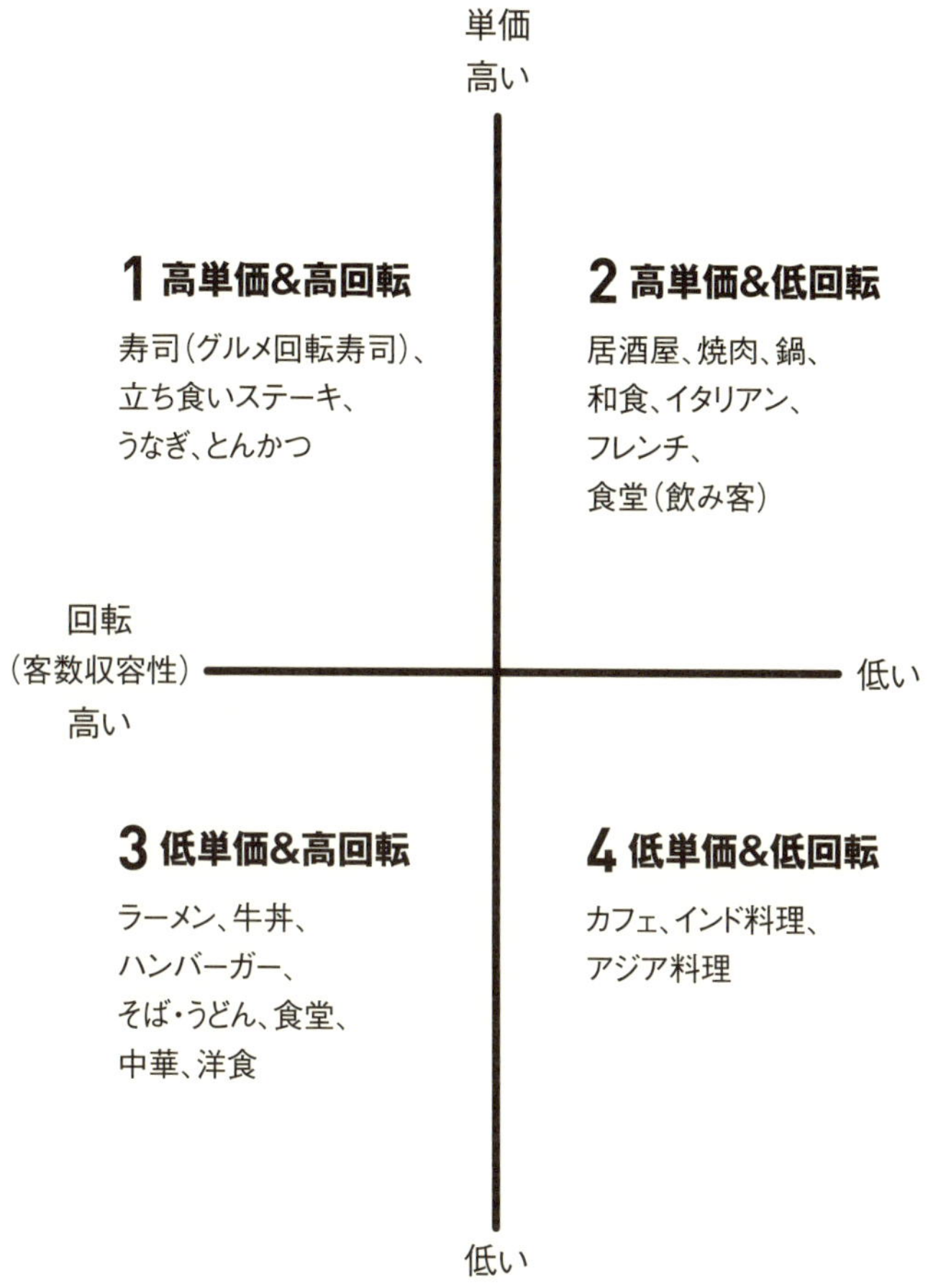

Textbook 2 promotion

高単価&高回転のお店は、お礼状・パンフレットで費用をかけて集客する

高単価&高回転の業態は、安定的な客数の確保が前提!

寿司（グルメ回転寿司）、立ち食いステーキ、うなぎ、とんかつなど高単価&高回転の業態には、次のような特徴があります。

- 希少性の高い食材を用いている
- 原価率が高い
- 食事性が高い（飲酒比率が高くなるほど回転は落ちる）
- 不満を生まないレベルでの居心地の悪さ（個室ではない、立食、やや狭い、椅子の背もたれの角度が鋭角、カウンターがある）

これらの業態は「たまに行く、贅沢なお店」という共通点があります。この点を踏まえた販促戦略としては次の2点です。

❶来店いただいたお客さまの情報を確実に取得し、ある程度の費用をかけてでも、そのお客さまリストへ定期的にDMを送り続ける

「たまに行く」ときの「たま」のタイミングで確実に利用いただけるようにしかけていきます。また、お酒を飲むより食事性が強いため、ランチタイムであっても単価は1000円を優に超えます。昼夜を通して高単価での売上が見込めます。

❷アンケートを実施することでメインである商品（およびサービス）の品質を欠かさずチェックする

高単価かつ高回転の業態は、飲食店経営においてまさに理想かもしれません。しかし一方で、原価率が高くなるため、利益率というよりは利益額で儲けるスタイルになります。つまり、安定的にお客さまの数を確保することが経営の前提となります。もしお客さまの数の確保がうまくいかず、客数が安定しないと、それだけ高原価食材の管理が難しくなり、ロスが出れば利益を圧迫してしまいます。

これらの特徴を踏まえて、❶の定期的なアプローチとともに、アンケートによる品質チェックを同時に行ないましょう。アンケートの結果は日々チェックするとともに、1カ月単位で集計して商品状態を「数値化」することで、品質を確認する必要があります。

もしこの業態で、主要都市などの立地的に恵まれたエリアにお店があれば、自然とお客さまは集まってきます。そのため、❶のような集客戦略のコストや重要度は下がります。

しかしながら、主要都市には常に競合するお店が出現し続けるリスクもあります。そのときのための〝保険〟としても、❶のような集客戦略は欠かさないようにすべきです。

3 高単価&低回転のお店は、「宴会・予約・団体」を狙って集客する

高単価&低回転の業態は「宴会」「予約」「団体」を逃さない！

居酒屋、焼肉、鍋、和食、イタリアン、フレンチ、食堂（飲み）といった業態には、

- ゆっくりとすごしたい、食事と時間を楽しみたい
- 売上のうちにお酒が占めるウエートが高い
- 食事以外の目的（集まりなど）でも使われることがある
- コースメニューがある
- 団体などの利用によって、1組あたりの客数の幅が広い
- テーブル調理がある

といった特徴があります。食事性の高い郊外型・ファミリー対象の焼肉店であれば、あ

る程度の回転も見込めます。そのため、「高単価&高回転寄り」と捉えることもできます。ランチ営業を展開しているお店であれば、その時間帯は金額により「高単価&高回転」、もしくは「低単価&高回転」のいずれかに分類されることになります。

この高単価かつ低回転の業態は、利益率を確保しやすいメリットがある一方で、業態によっては顕著にお客さまの利用機会が少なくなる（来店間隔があきやすい）という傾向があります。

お客さまとのコミュニケーションを重視する

これらの特徴を踏まえた集客戦略は、低回転つまりは滞在時間が長いことを活かして、次の3つの対応を心がけます。

❶お客さまとのコミュニケーション数を増やす

お客さまの滞在中のテーブルへの訪問回数（提供数）が増える傾向があるので、お客さまと密に会話を交わすことが大切です。

❷お客さまとのコミュニケーション数を増やすことによって、徹底してアンケートや名刺配布（できれば交換）を行なって、お客さまの情報を取得する

お客さまの個人情報を獲得したら、前述した手順で、手書きのお礼状をスタッフが書いて送ります。

❸取得した顧客情報へ、費用をかけてでもアプローチして次回の再来店をうながす

前述したお礼状からのリスト化の手順を踏んだうえで、そのリストへＤＭを定期的に送付しましょう。

先の「高単価&高回転」の業態とほぼ同じですが、こちらの業態のほうが戦略の重要性は高いといえます。なぜなら、低回転だけに、滞在時間の長いお客さまと接する機会が多いため、お客さまの情報を取得しやすいという長所を活かして、こちらから積極的にお客さまにしかけていかなければ安定した来店が見込めないからです。

特に、宴会や大人数での予約については、幹事さん（主催者）の顧客情報を取得することを徹底すべきです。「予約客」「宴会客」「団体客」の獲得が売上の大きなベースをつくります。これをしっかりと確保して、売上の安定化につなげましょう。

4

低単価&高回転のお店は、ネットを駆使して費用を抑えて集客する

低単価&高回転の業態は、リピーターが重要に！

ラーメン、牛丼、ハンバーガー、そば・うどん、食堂、中華、洋食といった業態には、

- 日常食（日本食として定着している食事）である
- 大手チェーン店が多い
- 手軽に食事（飲酒）をすませることが利用動機となっている
- 利用頻度が高い（いつも立ち寄るお店である）
- 競合店が生まれやすい

といった特徴があります。全国のいわゆる「B級グルメ」に該当するのがこちらの分類であり、特にラーメンについては、個人が独立して出店する数が飲食店の中でもダントツ

です。

また、利用回数が多いというメリットがある一方で、飽きられてしまうリスクもあります。これを補完するためにも、定期的な季節メニューの変更や新メニューの開発が求められます。

これらの特徴を踏まえた集客戦略は、次のポイントです。

❶なるべくコストを抑えて集客する。特にリピーターの集客に努める

具体的にはネット（メール・SNSの活用）が効果的です。

ただし、高単価&低回転の業態として代表される居酒屋と比較すると、滞在時間すなわちコミュニケーションがとれる時間と機会は少なくなるため、お客さまのメールアドレスやSNSアカウントの情報を取得するチャンスも少なくなります。

そのため、リピーターを集客するために割引チケットを渡すだけにとどめているお店（チェーン店）も多いですが、できればこちらから「プッシュ」できる、お客さま情報の取得をめざしたいところです。

そのための有効な対策としては「登録特典」を設けて情報取得を促進することです。特典

登録とは登録いただいたお客さまに、お店のサービス券などの特典を進呈することです。

一般的に低単価&高回転の業態は、客単価が低いわりに客数が多いこともあって、お客さま情報の獲得や活用について消極的な傾向があります。しかし、そこをしっかりと充実させていけば、他の低単価&高回転のお店にはないアプローチができることになります。

どんな業態であっても、これからの飲食店経営において、お客さま情報の取得は経営を安定させるためには必須といえるのです。

5 低単価&低回転のお店は、平日夜の来店客を徹底的にリスト化

低単価&低回転の業態は、あらゆる利用・購買動機を取り込む！

カフェ、インド料理、アジア料理といった低単価&低回転の業態には、

● 食事よりも空間を利用する目的が強い（＝滞在時間が長くなる）
● 非日常性が高い（日本食として定着していない）
● 高単価を見込むことが大変

といった特徴があります（業態により、その度合いは異なる）。

会社組織ではなく個人事業として独立開業するケースが多いカフェ業態もこの分類に該当しますが、これについては低単価&低回転ではあるものの、

● 日常に定着していて、利用頻度が高い

●物販（豆・カップ・機材の販売など）ができる
●食事や飲酒需要も取り込むことができる

といった点で高単価が狙えなくはないため、それが実現できたお店は〝別領域〟と考えてもよいかもしれません。

これらの特徴を踏まえた集客戦略は、まず、販促にお金がかけられないからといって、〝待ちの姿勢〟であってはいけません。お店の側から積極的に集客のためのアプローチをしかけていくことが重要です。その第一歩は、アンケートや会員募集によって徹底的に来店客の情報を取得することです。

アジア料理などのうち、まだ日本に定着しているとはいえない国の料理を扱う業態のお店に来店いただいたお客さまは、嗜好性の高い〝少数派の日本人〟です。それだけに、「絶対に逃さないぞ！」という姿勢を持ってお客さま情報の取得に臨むべきです。

平日夜に来店したお客さまは、平日に来店できるお客さま

特に注目してほしいのは、平日の夜に来店するお客さまです。平日夜に来店したお客さ

まは、当然ですが、「平日夜に来店できるお客さま」だからです。その後も同じ曜日（平日）・時間帯にお店に食べに来る可能性があるお客さま、と見込むことができます。

この平日夜のお客さまに向けては、ある程度強い特典を提示してでも、お客さま情報を取得して定期的なリピーターになっていただくためのアプローチをするべきです。

単価が低いため販促に十分なお金をかけることはできないと思いますが、その一方で「低単価&高回転」の業態と比べれば競合店が出現しにくい、というメリットもあります。

しかし、カフェについては競合は出現しやすく、それは個人で独立する人が多いことが要因にありますが、注意してもらいたいことがあります。それは、個人としての経営はしやすいものの、その後の拡大、たとえば、3店舗以上を展開して個人事業から会社経営にシフトするといったときにはハードルが高くなる、という点です。

そういった背景もあって、近年は、
●食事性を強化してレストラン化する
●お酒を入れてバーや居酒屋化する
といったカフェからの派生業態も増えています。

事例
CASE

飲食店の集客・販促で使える助成金・補助金ワンポイントアドバイス

助成金や補助金には多種多様なものがあります。このうち助成金は原則として厚労省が管轄していて、補助金は経産省が管轄しています。お店として「何か使える助成金や補助金はないかな？」と思ったら、まずそれらの省庁のウェブページをこまめにチェックすることです。

厚労省管轄の助成金は原資が雇用保険によって成り立っています。すなわち雇用保険料を納めていなかったり、直近に解雇など労務上の問題が発生していたりする場合は、申請が通らないケースもままあります。また、補助金に関しては追加補正予算の関係上、募集期間が短く設定されているものもあります。

助成金や補助金は、どれがどのように使えるのか、がわかりにくいもの。そのため、専門家に飲食店での活用事例を紹介してもらい、自社で使えるかどうかを検討するのも近道です。

集客や販促に使える助成金は、直接的に飲食店の集客や販促効果を上げるため、というより、間接的に集客や販促効果を上げるために、専門のスタッフを採用したとか、教育研修を行なったときに活用する方法があります。その1つが「人材開発助成金」です。たとえば、一定期間、ネット集客に関する研修を行なった場合、それに要した教育研修費の補助が受けられます。その教育研修により一定の労働生産性の向上が見られれば、割増助成されるケースもあります。助成内容は、経費助成・賃金助成などに分かれています。

また、ネット集客に関しては、「IT補助金」を活用することも検討できます。顧客分析や予約管理、ネット集客の効果測定などに関して、特定のシステムやプログラムを組み込むことにより、補助金の対象になれば、申請により一定額が補助されるという制度です。

これまで数次にわたる補正予算によって、そのつど短期の募集期間が設定され、広報されています。なお、こうした補助金は「○○補助金の対象事業・対象指定業者です！」といったかたちで、指定業者からアプローチ（広報）するケースもあります。そうした業者に相談することも1つの手です。

「これマネ」助成金・補助金相談窓口（https://ws.formzu.net/fgen/S91825442/）でも、こうした研修などの助成金・補助金の相談を受け付けています。

おわりに

最後までお読みくださり、ありがとうございました。

本書は、一般社団法人これからの時代の・飲食店マネジメント協会に所属する、集客営業のプロ・白岩大樹さん、ウェブ集客のプロ・長屋大輔さん、インスタグラム集客・教育助成金アドバイスのプロ・上田逸平さんとスタートさせたプロジェクトです。競争が激化し、人も予算も足りない中でも実践できる飲食店のための集客手法について、現場経験が豊富なプロたちが、リアルな思考とアクションを中心にまとめました。

ノウハウを現場のスタッフ全員で共有し、一致団結して行動を起こすことでしか、未来の結果を変えることはできません。ぜひ、今日から1つでも実践してほしいと願っています（チームの導き方に不安がある方は前著『これからの飲食店マネジメントの教科書』をおすすめします）。よい結果を得ることで、チームに新たな自信がつくでしょう。よいお客さまに囲まれ、スタッフ全員がイキイキと笑顔で飲食店づくりをめざしてください。

一般社団法人これからの時代の・飲食店マネジメント協会 代表理事　山川博史